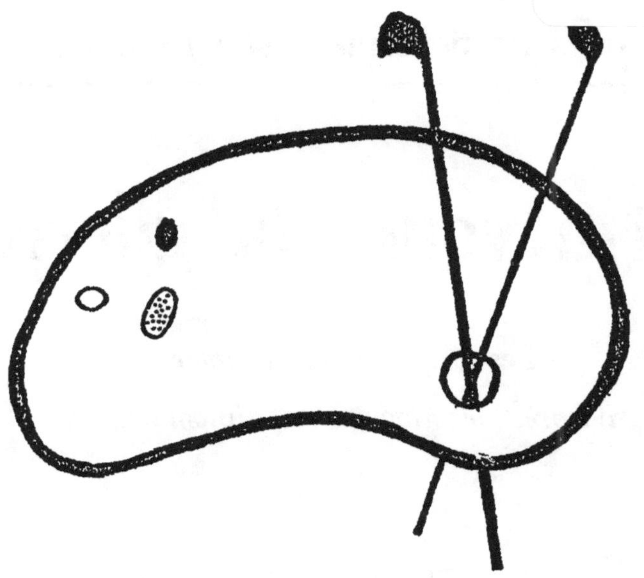

DEBUT D'UNE SERIE DE DOCUMENTS
EN COULEUR

Qui a voulu la guerre?

Les origines de la guerre

d'après les documents diplomatiques

par

É. DURKHEIM et E. DENIS

Professeurs à l'Université de Paris

LIBRAIRIE ARMAND COLIN

103, Boulevard Saint-Michel, PARIS, 5e.

Prix : 0 fr. 50

ÉTUDES ET DOCUMENTS SUR LA GUERRE

COMITÉ DE PUBLICATION

MM. Ernest LAVISSE, de l'Académie française, *Président.*

Charles ANDLER, professeur à l'Université de Paris.

Joseph BÉDIER, professeur au Collège de France.

Henri BERGSON, de l'Académie française.

Émile BOUTROUX, de l'Académie française.

Ernest DENIS, professeur à l'Université de Paris.

Émile DURKHEIM, professeur à l'Université de Paris.

Jacques HADAMARD, de l'Académie des Sciences.

Gustave LANSON, professeur à l'Université de Paris.

Charles SEIGNOBOS, professeur à l'Université de Paris.

André WEISS, de l'Académie des Sciences morales et politiques.

Adresser les communications au secrétaire du Comité :

M. Émile DURKHEIM, 4, Avenue d'Orléans, Paris, 14ᵉ.

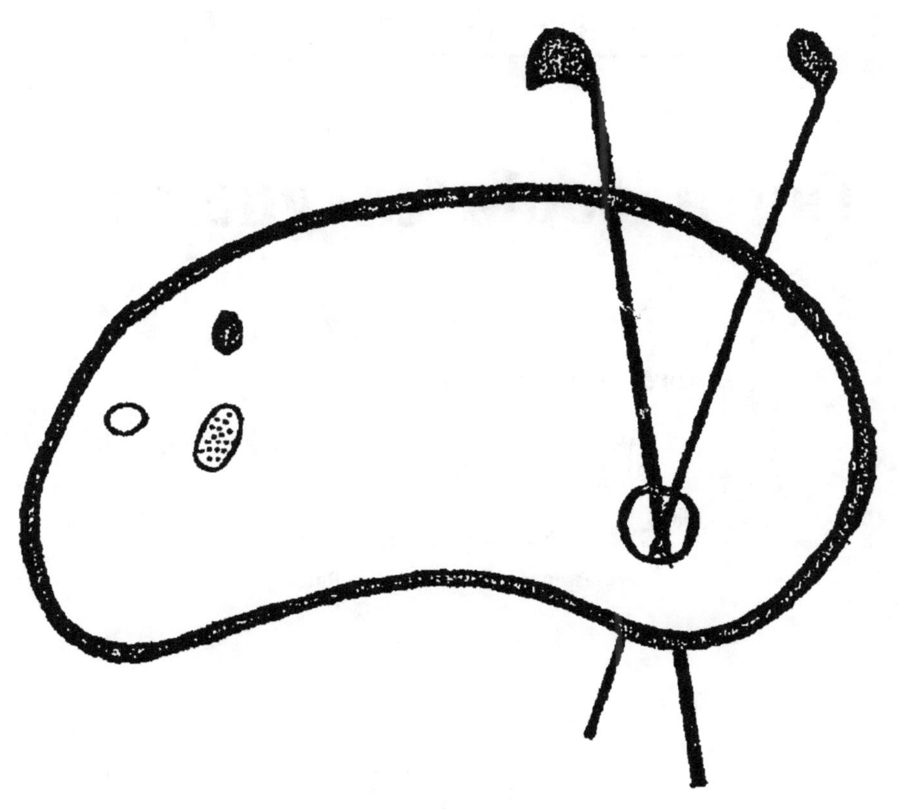

FIN D'UNE SERIE DE DOCUMENTS
EN COULEUR

Qui a voulu la guerre?

Les origines de la guerre
d'après les documents diplomatiques

par

É. DURKHEIM et E. DENIS

Professeurs à l'Université de Paris

LIBRAIRIE ARMAND COLIN

103, Boulevard Saint-Michel, PARIS, 5ᵉ.

1915

QUI A VOULU LA GUERRE ?

Comme tous les événements historiques, la guerre actuelle dépend, en partie, de causes profondes et lointaines. Les historiens auront un jour à rechercher par suite de quelles conditions démographiques, économiques, ethniques, les occasions de conflits semblaient, depuis quelque temps, se multiplier entre les peuples ; comment l'état précaire de l'Empire austro-hongrois, le développement des sociétés balkaniques, la conscience plus claire que certaines nationalités prenaient d'elles-mêmes devaient, dans un avenir plus ou moins prochain, déterminer un remaniement de la carte d'Europe ; comment enfin, de tout cela, résultait un état de malaise et d'inquiétude qui préparait les esprits à la guerre.

Mais, quelle que puisse être l'importance de ces causes impersonnelles, elles ne sont pas efficaces par elles-mêmes. Pour qu'elles produisent leurs effets, encore faut-il que des volontés humaines se prêtent à leur action. Pour qu'une guerre éclate, il faut qu'un État la veuille, et c'est lui qui en porte la responsabilité. Si, dans ces dix dernières années, nous avons traversé des crises très graves — conférence d'Algésiras, affaires de Casablanca et d'Agadir, annexion de la Bosnie et de l'Herzégovine, guerre balkanique, — sans qu'il en soit résulté de guerre européenne, ce n'est pas que la situation morale de l'Europe ait été alors beaucoup plus satisfaisante qu'elle ne l'est aujourd'hui ; mais c'est que des volontés pacifiques réussirent à conjurer le danger. Si donc, cette fois, la catastrophe s'est produite, c'est que ces volontés, ou certaines d'entre elles, ont fléchi. Et alors une question se pose : où s'est produit ce fléchissement? Quel est le peuple qui a voulu la guerre de préférence à la paix, et pour quelle raison l'a-t-il préférée ?

C'est cette question que nous nous proposons de traiter. Elle s'impose si naturellement à l'attention que chacun, sans doute, l'a déjà résolue pour son propre compte. Seulement, jusqu'à ces derniers temps, il était difficile de se faire, sur ce point, une opinion éclairée et réfléchie ; car nous n'avions, pour nous décider, que des informations trop fragmentaires pour qu'il nous fût possible d'embrasser la crise dans son ensemble et dans la suite de son développement. Aujourd'hui, nous disposons de plusieurs recueils de documents diplomatiques qui, émanés de gouvernements différents, se complètent et se contrôlent mutuellement (1). S'ils ne nous dévoilent probablement pas encore tous les secrets des chancelleries, ils nous permettent, du moins, de suivre pas à pas la série des pourparlers qui ont rempli l'angoissante semaine au cours de laquelle a été joué le sort de l'Europe. Nous pouvons ainsi y distinguer des périodes successives, chercher, à chacune de ces étapes, ce qui a été fait pour et contre la paix, d'où sont venues les tentatives de conciliation et d'où les résistances tacites ou avouées. Cet inventaire achevé, il devient possible d'établir le bilan moral des différents acteurs du drame et de déterminer, par suite, la part de responsabilité qui revient à chacun. Tel est l'objet et tel est le plan de l'étude qu'on va lire.

Cette étude est d'autant plus nécessaire que le Gouverne-

---

(1) Nous avons cinq recueils de ce genre : le livre russe, connu sous le nom de *Livre Orange* (désormais *L. O.*), le livre français ou *Livre Jaune* (*L. J.*), le livre belge ou *Livre Gris* (*L. G.*), le livre allemand ou *Livre Blanc* (*L. B.*), enfin celui que le Gouvernement anglais a publié sous le titre de *Correspondance du Gouvernement britannique relative à la Crise européenne*, que nous désignerons par l'abréviation *Cor. B.* Pendant que notre travail était sous presse, a paru le livre serbe ; mais il n'ajoute rien d'important aux précédents.

ment allemand s'est déjà saisi de la question et a prétendu la résoudre à l'aide de documents exclusivement allemands. La solution qu'il en donne est exposée dans la préface de son *Livre Blanc :* suivant lui, c'est la Russie qui serait responsable de la guerre. Nous ne pouvions laisser sans réponse une thèse au service de laquelle a été mise la plus large publicité. Toutefois, si nous croyons devoir la mentionner dès le début de ce travail, ce n'est pas que nous ayons l'intention de la prendre directement à partie et de la discuter en elle-même. Pour faire voir ce qu'elle vaut, il suffira de raconter les faits, simplement, honnêtement, dans l'ordre même où ils se sont produits, en nous bornant à signaler chemin faisant ce qu'ils sont devenus dans le système allemand. Une fois ces constatations faites — et on les trouvera consignées dans les notes mises au bas des pages (1) — la conclusion s'imposera d'elle-même.

Mais en abordant le sujet de ce travail, nous ne devons pas oublier que nous sommes nous-mêmes juge et partie dans le débat, puisque notre patrie est en cause. Nous avons donc à nous prémunir et surtout à prémunir nos lecteurs contre l'influence possible d'un parti-pris national, si respectable qu'il soit. Pour cela, nous nous astreindrons à faire d'abord un récit objectif et complet des événements, sans y mêler aucune appréciation. Nous nous permettrons ensuite de conclure ; mais, à ce moment, il sera facile au lecteur de contrôler, par l'exposé qui aura précédé, les résultats auxquels nous serons parvenus.

---

(1) Pour signaler ces notes à l'attention du lecteur, nous les avons mises en italique.

I. — *L'Ultimatum autrichien et la Réponse serbe*

(23-25 juillet).

Le 28 juin 1914, à Serajevo, capitale administrative de la Bosnie, l'archiduc François-Ferdinand, héritier présomptif de la couronne austro-hongroise, fut assassiné ainsi que sa femme, la duchesse de Hohenberg. Ce double crime fut le point de départ de la guerre.

Manifestement, les assassins étaient des conspirateurs qui avaient voulu protester ainsi contre l'annexion de la Bosnie et de l'Herzégovine à l'Autriche et préparer la réunion de ces provinces à la Serbie. Pour cette raison, l'Autriche posa tout de suite comme une évidence que l'origine de ce complot devait être cherchée à Belgrade et qu'il avait été organisé, sinon par le Gouvernement serbe, du moins par des associations que ce Gouvernement avait le tort de tolérer et même de protéger. C'est dans cet esprit que fut conduite l'enquête ordonnée par le Gouvernement de Vienne : aussi était-il facile de prévoir à quels résultats elle aboutirait. Elle était à peine commencée que déjà la presse officieuse annonçait qu'une « démarche » comminatoire allait être faite auprès de la Serbie pour l'obliger à cesser ses coupables agissements. Dès le 2 juillet, l'ambassadeur français, M. Dumaine, avertissait son Gouvernement que la situation lui paraissait inquiétante(1). Mais, comme sur un mot d'ordre, quand approcha le moment où les conclusions de l'enquête allaient être publiées, le ton changea. On ne parlait plus de « démarche », mais seulement de « pourparlers ». Le comte Tisza fit même à la Chambre un discours dont la modération alla

___

(1) *L. J.*, n° 8.

jusqu'à indiquer certains journaux (1). L'optimisme était
devenu la note dominante de la presse officielle. Le 23 juillet,
le baron Macchio, secrétaire général du Ministère des Affaires
étrangères, assurait encore à M. Dumaine que l'on pouvait
« compter sur un dénouement pacifique » (2).

Or, ce même jour, l'Autriche faisait remettre à Belgrade
son ultimatum.

Caractère belliqueux de l'Ultimatum autrichien. — Cet ultimatum est trop connu pour qu'il soit nécessaire de le reproduire ici : nous nous bornons à en rappeler les articles essentiels.

Considérant comme établi que le meurtre de Serajevo
avait été tramé à Belgrade, le Gouvernement autrichien
réclamait du Gouvernement serbe un certain nombre de
mesures destinées à prévenir le retour de semblables atten-
tats.

Tout d'abord, le Gouvernement serbe devait, à la première
page du *Journal officiel* en date du 26 juillet, publier une
déclaration dont la formule lui était étroitement dictée et par
laquelle il condamnait toute propagande contre l'Autriche-
Hongrie, exprimait ses regrets que des fonctionnaires y
eussent pris part et promettait de punir sévèrement tous
ceux qui, dans l'avenir, se rendraient coupables des mêmes
actes. Cette déclaration devait également être portée à la
connaissance de l'armée.

De plus, il devait s'engager :

1° A supprimer toute publication dirigée contre l'Autriche ;

2° A dissoudre la société Narodna-Odbrana, plus spécialement accusée de se livrer à une propagande active contre la
monarchie austro-hongroise ; à confisquer ses moyens d'action
et à procéder de même pour toutes les sociétés à venir qui
se formeraient pour le même objet ;

3° A éliminer de l'instruction publique toute personne et

<hr>

(1) *L. J.*, nᵒˢ 11 et 12.   (2) *L. J.*, nᵒ 20.

tout enseignement qui faciliteraient cette même propagande;

4° A éloigner de l'armée et de l'administration tous les officiers et les fonctionnaires que le Gouvernement autrichien signalerait comme coupables au même titre;

5° A accepter la collaboration des organes du Gouvernement impérial et royal dans la « suppression » de ce mouvement subversif;

6° A ouvrir, contre les partisans du complot de Serajevo se trouvant en territoire serbe, une enquête judiciaire; « des organes délégués par le Gouvernement impérial et royal prendront part aux recherches y relatives »;

7° A procéder d'urgence à l'arrestation de deux sujets serbes, spécialement désignés comme compromis dans le complot;

8° A empêcher le trafic illicite d'armes et d'explosifs à travers la frontière et à punir les fonctionnaires qui l'avaient permis ou facilité;

9° A donner des explications sur les propos hostiles à la monarchie dualiste tenus par de hauts fonctionnaires serbes tant en Serbie qu'à l'étranger;

10° A aviser le Gouvernement autrichien de l'exécution des mesures sus-énoncées.

Quarante-huit heures étaient laissées à la Serbie pour faire connaître sa réponse.

Dès que l'ultimatum eut été publié, l'avis unanime des chancelleries fut qu'il avait été conçu et rédigé de « manière à rendre la guerre inévitable ». « J'ai eu, dit Sir M. de Bunsen, ambassadeur anglais à Vienne, des entretiens avec tous mes collègues représentant les grandes Puissances. L'impression qui m'en est restée est... que le Gouvernement austro-hongrois est absolument résolu à faire la guerre à la Serbie(1). » Les exigences autrichiennes étaient, en effet, de celles auxquelles un État ne peut souscrire à moins de

____

(1) *Cor. B.*, n° 41.

renoncer à toute indépendance. Non seulement on humiliait gravement la Serbie en l'obligeant à faire publiquement amende honorable, et dans des termes qu'elle ne pouvait même pas discuter, mais de plus, en lui imposant dans une enquête judiciaire et dans son action administrative la collaboration de fonctionnaires étrangers, on empiétait sur sa souveraineté; on la traitait comme une vassale de l'Autriche. Le ton même de la note semblait destiné à froisser l'État auquel on s'adressait et à rendre ainsi la soumission plus difficile. Quoi de plus offensant que la brièveté du délai qu'on accordait aux réflexions de la Serbie? C'était poser en principe que les résultats de l'enquête autrichienne, bien qu'elle eût été unilatérale et singulièrement sommaire, ne pouvaient pas être mis en discussion(1).

D'autre part, la date choisie, la procédure adoptée, tout paraît bien prouver que l'on tenait à prévenir toute intervention en faveur de la paix. L'optimisme que l'Autriche officielle professait au dernier moment, et que l'événement devait si vite démentir, avait fini par endormir la défiance même des États les plus intéressés à suivre de près cette affaire. Sur les assurances formelles qui lui avaient été données, l'ambassadeur de Russie à Vienne venait de partir en congé(2). Le président Poincaré, accompagné de M. Viviani, Ministre des Affaires étrangères, était en voyage dans les capitales du Nord (3). Le ministre de France était absent de Belgrade pour cause de maladie. Les diplomates de la Triple-Entente ne pouvaient donc pas facilement se concerter pour s'interposer entre les deux adversaires. D'ailleurs, on ne leur en laissait pas le temps. L'ultimatum ne fut communiqué aux Puissances que le 24 juillet, le lendemain du jour où il avait été remis à Belgrade. Il ne leur restait donc qu'un peu plus de vingt-quatre heures pour prévenir la rupture.

______

(1) Nous négligeons complètement la question de savoir ce que valaient les allégations de l'Autriche : elles ont eu trop peu d'influence sur la suite des événements.
(2) *L. J.*, n° 18.   (3) *L. J.*, n° 25.

Cette attitude belliqueuse était, d'ailleurs, réclamée par une partie notable de l'opinion publique. On voulait la guerre et l'on jugeait que l'instant était favorable pour la faire. « Si nous ne nous décidons pas à la guerre, écrivait la *Militärische Rundschau*, celle que nous devrons faire dans deux ou trois ans au plus tard s'engagera dans des circonstances beaucoup moins propices.... Puisqu'un jour nous devrons accepter la lutte, provoquons-la tout de suite. » Et la *Neue Freie Presse* s'indignait qu'on pût parler d'apaisement. Pour elle, l'apaisement ne pouvait résulter que « d'une *guerre au couteau* contre le panserbisme » (1). Aussi, une fois l'ultimatum lancé, n'avait-on qu'une peur, c'est que la Serbie ne cédât (2). « Le ton de la presse, écrit le 25 juillet Sir M. de Bunsen, laisse l'impression que la soumission de la Serbie n'est ni attendue ni vraiment désirée » (3).

Or la guerre avec la Serbie, c'était la porte ouverte à la guerre européenne. Certes, il serait injuste de dire que tout le monde à Vienne ait voulu délibérément cette extension du conflit. On assure que le comte Berchtold et son entourage se seraient contentés d' « une opération localisée contre la Serbie ». Mais tout un clan estimait, au contraire, qu'il fallait « marcher avant que la Russie ait terminé ses grands perfectionnements de l'armée et des voies ferrées et avant que la France ait mis au point son organisation militaire » (4). En tout cas, même les esprits les plus modérés ne pouvaient pas ne pas se rendre compte que, une fois la guerre commencée, on n'était pas assuré de réussir à la limiter.

L'Ultimatum était connu de l'Allemagne. — La lourde responsabilité qu'a ainsi assumée l'Autriche a-t-elle été partagée par l'Allemagne ? Celle-ci a-t-elle connu l'ultimatum avant sa publication et a-t-elle encouragé son alliée à le risquer ?

Le Chancelier, M. de Bethmann-Hollweg, et le secrétaire

____

(1) *L. J.*, n° 12.   (2) *L. J.*, n° 27.   (3) *Cor. B.*, n° 20.
(4) *L. J.*, n° 14.

d'État aux Affaires étrangères, M. de Jagow, ont toujours soutenu qu'ils avaient totalement ignoré les exigences autrichiennes avant qu'elles fussent communiquées à Belgrade et que, s'ils les approuvaient sans réserve, ils ne sauraient pourtant en être rendus responsables.

Mais ces affirmations réitérées ne rencontrèrent généralement que scepticisme et incrédulité. On trouvait bien surprenant que l'Allemagne pût soutenir, avec l'énergie que nous verrons, les prétentions autrichiennes, si elle en avait ignoré la portée (1). Il paraissait aussi invraisemblable que M. de Tschirsky, l'ambassadeur allemand à Vienne, anti-serbe et anti-russe notoire, acquis par avance aux résolutions violentes, eût été tenu dans l'ignorance de ce qui se tramait. En fait, Sir M. de Bunsen déclare savoir, « d'une source privée, que *l'ambassadeur allemand connaissait le texte de l'ultimatum autrichien à la Serbie avant qu'il n'eût été expédié, et qu'il l'a télégraphié à l'empereur allemand* » (2).

Nous avons, d'ailleurs, aujourd'hui tout un ensemble de témoignages qui confirment cette présomption. ·

Il existe en Allemagne une mesure préparatoire à la mobilisation qui consiste à prévenir les hommes et les officiers de la réserve de se tenir prêts à un appel qui pourrait être prochain. C'est, suivant l'expression de M. Cambon, « un *garde à vous* général » auquel on recourt aux époques de tension. Cet avertissement avait été lancé en 1911 au cours des négociations relatives au Maroc (3). Or, dès le 21 juillet 1914, M. Cambon apprenait que cet avis préalable de mobilisation avait été adressé « aux classes qui doivent le recevoir en pareil cas (4) ». C'est juste à ce moment que l'Autriche s'appliquait à rassurer l'Europe. Il faut croire que l'Allemagne, elle, était informée de ce qui se préparait.

Vers la même époque (25 juillet), le président du Conseil de Bavière, s'entretenant de l'incident austro-serbe avec notre ministre à Munich, fut amené à lui dire qu'il « avait connais-

<hr>

(1) *L. J.*, n° 30.   (2) *Cor. B.*, n° 95.   (3) *L. J.*, n° 3.
(4) *L. J.*, n° 15.

sance » de la note autrichienne (1). Or, à cette date, la Serbie ne l'avait pas encore reçue, et elle ne fut connue des Puissances que le 24. Comment admettre que l'Autriche ait pu taire à l'Allemagne ce qu'elle avait cru devoir confier à la Bavière ? (2).

D'ailleurs, nous avons l'aveu du Gouvernement allemand lui-même. Dans la Préface dont il a fait précéder le *Livre Blanc*, après avoir exposé la situation dans laquelle se trouvait l'Autriche à la suite de l'attentat de Serajevo, l'écrivain officiel ajoute : « Dans ces circonstances, l'Autriche était obligée de se dire que ni sa dignité ni le souci de son salut ne lui permettaient plus de rester spectatrice inactive de ces menées. *Le Gouvernement impérial et royal nous fit connaître sa façon de voir et nous demanda notre avis. Du fond du cœur, nous avons pu dire à notre allié que nous étions d'accord avec lui sur la manière d'envisager la situation et d'assurer que toute action qu'il considérerait comme nécessaire pour mettre un terme au mouvement dirigé en Serbie contre l'existence de la monarchie aurait notre approbation.* En agissant ainsi, nous avions parfaitement conscience qu'une démarche belliqueuse de l'Autriche-Hongrie contre la Serbie pouvait faire entrer la Russie dans l'arène et, conformément à nos devoirs d'allié, nous entraîner nous-mêmes dans une guerre.... *Nous avons donc laissé à l'Autriche les mains entièrement libres pour agir contre la Serbie.* Mais nous n'avons pas pris part à la manière dont cette action a été organisée (3) ». C'est avouer que l'Allemagne connaissait, sinon les termes mêmes, du moins l'esprit de l'ultimatum et son contenu général. Il est possible qu'elle ait ignoré les détails de la rédaction. Mais, à supposer que cette ignorance, d'un intérêt d'ailleurs très secondaire, fût réelle, elle n'autorisait pas le Gouvernement

---

(1) *L. J.*, n° 21.

(2) Depuis, le Gouvernement bavarois a cru devoir démentir ce récit ; mais son auteur, M. Allizé, le maintient intégralement. Peut-être le Gouvernement bavarois joue-t-il sur les mots ; il ignorait le texte de la note, mais en connaissait le contenu certainement.

(3) *L. B.*, Préf., p. 4-5.

allemand à déclarer, sur un ton catégorique, qu'il n'avait rien su de la note autrichienne avant les autres puissances et qu'il n'en partageait pas la responsabilité. Quoi qu'il ait dit, il en connaissait l'essentiel.

Non seulement il la connaissait, mais il l'avait approuvée, il s'y était, suivant le mot qui vient d'être rapporté, associé de tout cœur : il l'avait faite sienne. Il doit donc être considéré comme co-auteur d'une démarche que l'Autriche n'aurait jamais osée si elle n'avait su qu'elle serait soutenue par son puissant allié. Aussi bien, l'état d'esprit était-il aussi belliqueux à Berlin qu'à Vienne. « Tous les journaux, écrit, le 24 juillet, le chargé d'affaires russe à Berlin, accueillent avec une grande sympathie le ton énergique adopté par l'Autriche, même ceux qui reconnaissent l'impossibilité pour la Serbie d'accepter les conditions posées (1) ». « Une personnalité allemande, dit M. Cambon, m'a confié qu'on avait craint ici que la Serbie n'acceptât en bloc la note autrichienne (2) ». L'Allemagne avait même eu, dès le début, plus clairement conscience des risques auxquels elle exposait l'Europe : en Autriche, en effet, on paraît avoir cru que, suivant le mot d'un diplomate, la Russie ne « tiendrait pas le coup » et laisserait faire (3) ; au contraire, dès le 28 juillet, dans une circulaire confidentielle, le Chancelier allemand avertissait les gouvernements confédérés que, si la Russie intervenait en faveur de la Serbie, il en résulterait une guerre européenne (4).

Attitude des Puissances. Premières tentatives de conciliation, repoussées par l'Allemagne et l'Autriche. — Dès ce moment, l'Allemagne, bien qu'elle ne soit pas directement intéressée dans la question, passe au premier plan et l'attitude qu'elle adopte est nettement intransigeante et même comminatoire.

Le 24 juillet, M. de Schoen vient exposer à M. Bienvenu-Martin, ministre intérimaire des Affaires étrangères, le point

(1) *L. O.*, n° 7.   (2) *L. J.*, n° 47.   (3) *L. J.*, n°ˢ 12, 50; *Cor. B.*, n°ˢ 71 et 80.   (4) *L. B.*, n° 2.

de vue de son gouvernement. L'Allemagne estime, dit-il, que
la question ne concerne que l'Autriche et la Serbie ; elle doit
donc être réglée entre ces deux pays. Toute intervention
d'une autre puissance provoquerait, « par le jeu des alliances,
des conséquences incalculables (1) ». C'était refuser à la
Russie le droit d'intervenir (2). Or, tout le monde savait bien
qu'une complète abstention de la Russie était moralement et
politiquement impossible. Entre le peuple russe et la nation
serbe, il existe des liens étroits, qui tiennent aussi bien à la
fraternité ethnique qu'à une communauté de souvenirs historiques. Protectrice naturelle et traditionnelle des sociétés
slaves, la grande Russie ne pouvait laisser la petite Serbie
sans défense. D'ailleurs, il y allait pour elle d'intérêts vitaux :
car la Serbie vaincue, tombée sous la suzeraineté de l'Autriche, c'était l'équilibre des Balkans troublé au profit de
cette dernière (3). « La domination de l'Autriche sur la Serbie,
dit un jour M. Sazonoff, le Ministre russe des Affaires étrangères, est aussi intolérable pour la Russie que le serait, pour
l'Angleterre, la domination de l'Allemagne sur les Pays-Bas.
C'est, pour la Russie, une question de vie ou de mort » (4).
Par dessus la Serbie, la Russie était donc visée et atteinte
par l'ultimatum, et la question, telle que la posait l'Allemagne, pouvait s'énoncer ainsi : ou l'humiliation et la diminu-
tion morale de la Russie ou la guerre.

Les autres Puissances se trouvèrent unanimes pour voir,
dans l'ultimatum, un scandale juridique et diplomatique. On
n'a jamais vu, dit Sir Ed. Grey « un État adresser à un autre
État indépendant un document d'un caractère aussi formi-

---

(1) *L. J.*, n° 28.

(2) Le lendemain, il est vrai, M. de Schoen protesta que sa communication n'avait rien de comminatoire (*L. J.*, n° 56). Le même jour, à
Londres, l'ambassadeur d'Autriche expliqua à Sir Ed. Grey que la
note autrichienne n'était pas un ultimatum, mais « une démarche
avec une limite de temps » (*Cor. B.*, n° 14), et qu'il n'était question
que de « préparatifs militaires, non d'opérations ». Ces protestations
verbales, que l'événement allait démentir, n'étaient qu'un moyen d'endormir l'inquiétude et de ralentir l'activité des Puissances.

(3) *Cor. B.*, n° 97.   (4) *Cor. B.*, n° 139.

dable » (1). L'Italie elle-même, bien qu'alliée de l'Autriche et de l'Allemagne, fit savoir « qu'elle n'aurait vraisemblablement pas approuvé la note autrichienne » si elle lui avait été communiquée avant d'être publiée, et elle déclina « toute responsabilité de la grave initiative prise par l'Autriche » (2). Dans ces conditions, si la Russie avait réellement voulu la guerre, comme l'Allemagne l'en a plus tard accusée, il lui était facile d'arriver à son but : elle n'avait qu'à laisser les événements suivre leur cours. Tout au contraire, M. Sazonoff annonça aussitôt qu'il était résolu à tout tenter pour arrêter le conflit. « Il faut éviter, dit-il à M. Paléologue, ambassadeur de France à Pétersbourg, tout ce qui pourrait précipiter la crise. J'estime que, même si le gouvernement austro-hongrois passait à l'action contre la Serbie, nous ne devrions pas rompre les négociations » (3). Ses actes répondirent à ses paroles et non seulement la France, mais l'Angleterre et l'Italie s'associèrent à ses efforts.

L'Allemagne, par la bouche de son ambassadeur à Londres, avait, dès le premier abord, demandé à l'Angleterre d'agir à Saint-Pétersbourg pour y conseiller l'abstention, c'est-à-dire, en somme, pour y défendre le point de vue allemand. Sir Ed. Grey répondit que les termes de l'ultimatum ne lui permettaient pas de tenir un semblable langage ; car le Gouvernement russe était fondé à trouver inadmissibles les prétentions autrichiennes (4). Mais il proposa que les grandes Puissances s'entendissent pour exercer conjointement une action modératrice et sur Vienne et sur Pétersbourg. Pour cela, le concours de l'Allemagne était naturellement indispensable. Il fut demandé, mais catégoriquement refusé. Le Gouvernement allemand répondit qu'il ne pouvait « s'immis-

---

(1) *Cor. B.*, n° 5.   (2) *L. J.*, n° 56.   (3) *L. J.*, n° 38.

(4) On lit, cependant, dans la Préface du *Livre Blanc*, que les Gouvernements français et anglais avaient, tous deux, promis d'agir dans le même sens que le Gouvernement allemand » (p. 6). On est déconcerté en voyant énoncer avec autant de sérénité une affirmation manifestement contraire à la vérité. Jamais ni l'Angleterre ni la France n'ont admis que la Russie devait rester à l'écart.

cer dans le conflit » (1). La voie que l'on avait essayé
d'ouvrir à la conciliation se trouvait ainsi fermée (2).

Les pourparlers s'annonçaient donc laborieux. Aussi,
comme le délai accordé par l'ultimatum était très court, on
jugea que le plus urgent était d'obtenir une prolongation.
On aurait ainsi le temps d'aviser avant qu'aucun acte irrépa-
rable fût accompli. La proposition fut faite par M. Sazonoff (3); la France, l'Angleterre et l'Italie promirent de l'appuyer (4). Elle se justifiait, d'ailleurs, aisément; il fallait
quelque temps aux Puissances pour examiner les griefs de
l'Autriche. La demande fut adressée simultanément à Berlin
et à Vienne. A Berlin, quand le chargé d'affaires russe,
M. Bronewsky, pour s'acquitter de sa mission, demanda un
rendez-vous à M. de Jagow, celui-ci commença par l'ajourner
jusqu'à la fin de l'après-midi du 25, c'est-à-dire jusqu'au moment où l'ultimatum arrivait à échéance. A force d'insistance, M. Bronewsky finit par être reçu un peu plus tôt,
mais ce fut pour s'entendre dire que l'indication serait simplement transmise à Vienne. Non seulement M. de Jagow ne
parla pas de l'appuyer, mais il ajouta que la démarche était
trop tardive et que, d'ailleurs, il trouvait peu opportun pour
l'Autriche de céder au dernier moment; il se demandait
même si cela ne risquerait pas « d'augmenter l'assurance de
la Serbie ». A Vienne, quand le chargé d'affaires russe se
présenta au ministère des Affaires étrangères, il se trouva
justement que le comte Berchtold était absent; il fut reçu
par le secrétaire général, mais qui lui témoigna « une
froideur glaciale » et, tout en l'assurant que sa communication serait transmise, lui prédit, sans hésiter, un refus
catégorique (5).

Dès lors, on ne pouvait plus rien faire en temps utile; il n'y

(1) *L. J.*, n°s 36 et 37.
(2) *De cette première tentative de conciliation, il n'y a pas trace dans*
le Livre Blanc, *ni dans la Préface.*
(3) *L. O.*, n° 4.   (4) *L. O.*, n°s 15 et 16, *Cor. B.*, n° 29.
(5) *L. O.*, n°s 14 et 11, *L. J.* n° 45. — *De cette seconde tentative de conci-*
liation et de son échec, il n'y a pas davantage trace dans le Livre Blanc.

avait plus qu'à attendre que la réponse serbe fût remise à l'Autriche.

La Réponse serbe. — On attendit avec anxiété ; car on croyait généralement que la Serbie ne se soumettrait pas, tant les exigences autrichiennes étaient jugées exorbitantes. Tout ce qu'on souhaitait, c'est qu'elle ne répondît pas par un refus radical qui rendît impossible toute négociation.

Or, le 25 juillet, à 5 h. 45 du soir, elle remettait sa réponse qui était une soumission intégrale.

La Serbie s'engageait à faire la déclaration solennelle qui était exigée d'elle et dans les termes exacts qui lui étaient prescrits. Quant aux dix autres articles de l'ultimatum, deux, mais deux seulement, n'étaient acceptés qu'avec certaines réserves. Ce sont ceux qui concernent la coopération de fonctionnaires étrangers.

Le Gouvernement serbe faisait remarquer qu'il se représentait mal en quoi pourrait consister cette coopération, pour ce qui regarde « la destruction du mouvement subversif ». Cependant, il se déclarait prêt à l'admettre autant qu' « elle répondrait aux principes du droit international et à la procédure criminelle, ainsi qu'aux rapports de bon voisinage » (art. 5).

De même, la collaboration d'autorités austro-hongroises aux enquêtes judiciaires était jugée impossible ; car elle constituait « une violation de la Constitution et de la loi sur la procédure criminelle ». Néanmoins, ajoutait la note, « dans des cas concrets, des communications sur les résultats de l'instruction en question pourraient être données aux agents austro-hongrois » (art. 6).

Pour tout le reste, la Serbie prenait l'engagement de se conformer aux exigences autrichiennes. Au sujet des mesures réclamées contre les menées de la presse, le Gouvernement serbe faisait observer, il est vrai, que l'état actuel de la législation le laissait provisoirement désarmé, la provocation à la haine de l'Autriche n'étant pas légalement un délit, et la confiscation des publications où ces menées pourraient se produire n'étant pas permise par la Constitution. Mais il se chargeait de faire voter les lois nécessaires dès la première convocation de la Skouptchina et lorsque aurait lieu la revision de la Constitution, qui était toute prochaine.

Enfin, au cas où le Gouvernement autrichien ne serait pas satisfait de sa réponse, le Gouvernement serbe se disait *« prêt, comme toujours, à accepter une entente pacifique, soit en remettant cette question à la décision du Tribunal international de La Haye, soit aux grandes Puissances. »*

Ainsi, même sur les points réservés, la porte était largement ouverte à l'entente. Il n'est guère douteux que cette déférence inespérée était due à l'action de la Russie. En effet, le 27 juillet, c'est-à-dire à une date où la paix était encore plus compromise qu'au moment où nous sommes parvenus, l'Empereur de Russie, en réponse à un appel que le prince héritier de Serbie lui avait adressé le 24, lui envoyait des conseils pressants de prudence et de modération. « Mon Gouvernement, disait le Tzar, s'applique de toutes ses forces à aplanir les présentes difficultés. Je ne doute point que Votre Altesse et le Gouvernement royal ne veuillent faciliter cette tâche *en ne négligeant rien pour arriver à une solution qui permette de prévenir les horreurs d'une nouvelle guerre*, tout en sauvegardant la dignité de la Serbie. Tant qu'il y a le moindre espoir d'éviter une effusion de sang, tous nos efforts doivent tendre vers ce but. »

II. — *La rupture diplomatique et la déclaration de guerre à la Serbie (25-28 juillet).*

On pouvait croire la paix assurée, M. de Jagow reconnaissait lui-même, le 29 juillet, qu' « il voyait (dans la réponse serbe) une base de négociations possible ». Malheureusement, l'Autriche ne voulut pas se contenter du succès qu'elle venait de remporter. La note fut remise à 5 heures 25 du soir. Quelques instants après, le ministre d'Autriche rompait les relations diplomatiques. Il n'avait même pas pris le temps matériellement nécessaire pour procéder à un examen qui pouvait avoir de si graves conséquences. C'est donc qu'il avait l'ordre de rompre en tout état de cause. Cette rupture était, d'ailleurs, si conforme aux désirs du gouvernement et de l'opinion publique que la nouvelle en fut accueillie avec enthousiasme à Vienne comme à Berlin (1).

Sur le moment même, l'Autriche n'éprouva pas le besoin de justifier sa détermination ; c'est seulement le 28 juillet qu'une note explicative, très brève d'ailleurs, fut remise à M. Bienvenu-Martin. Sur trois points essentiels, la réponse serbe était déclarée tout à fait insuffisante (2).

On qualifiait de vain prétexte la raison que donnait la Serbie pour ne pas admettre, en principe, la participation de fonctionnaires austro-hongrois à la poursuite des partisans du complot qui résidaient en territoire serbe. L'Autriche, disait-on, a demandé cette coopération pour les « recherches de police » et non pour « les enquêtes judiciaires ». La Serbie a donc cherché une équivoque en substituant une expression à l'autre.

(1) *L. J.*, n° 47 ; *Cor. B.*, n° 41.   (2) *L. J.*, n° 75 *bis.*

En second lieu, on déclarait que les mesures proposées pour mettre fin aux agissements de la presse équivalaient à un refus ; car les procès de presse sont rarement efficaces et, d'ailleurs, aucune date définie n'était fixée pour les innovations qu'on promettait d'introduire dans la législation.

Enfin, dans l'article relatif aux associations hostiles, si la Serbie promettait de dissoudre la Narodna Odbrana, elle s'abstenait volontairement d'envisager le cas où cette société se reformerait sous un autre nom (1).

Mais il est difficile de ne pas voir quel écart énorme il y avait entre l'insignifiance de ces griefs et la gravité de la décision prise par l'Autriche.

Sur le dernier point notamment, les doléances autrichiennes étaient inexplicables ; car la Serbie s'était engagée à dissoudre, non seulement la Narodna Odbrana, mais « toute autre société qui agirait contre l'Autriche ». Le nom ne faisait donc rien à l'affaire.

En ce qui concerne les mesures à prendre contre la presse, l'Autriche, pour être fondée à qualifier de refus déguisé la proposition serbe, aurait dû tout au moins signaler quelque autre procédé légal qui fût plus efficace. Or, elle n'en indiquait aucun. Et on ne voit pas, en effet, comment il était possible de punir un acte jusqu'alors licite, sans une loi nouvelle qui l'érigeât en délit, ou comment des publications pouvaient être légalement confisquées si la Constitution interdisait cette confiscation. Ou bien l'Autriche demandait-elle à la Serbie d'agir illégalement et arbitrairement ?

La seule contestation sérieuse était donc celle qui concernait la collaboration des fonctionnaires austro-hongrois. Mais si la difficulté soulevée par la Serbie venait uniquement de ce qu'elle avait remplacé à tort le mot de « recherches »

______

(1) Cette explication et celles qui suivent sont empruntées, non à la note reçue par M. Bienvenu-Martin, qui énonce les griefs autrichiens sans les justifier, mais au *Livre Blanc* (p. 23 et suiv.). La réponse serbe y est accompagnée d'un commentaire, d'origine autrichienne, qui a pour objet de démontrer que les concessions de la Serbie sont purement apparentes.

par celui « d'enquêtes », ne pouvait-on s'assurer d'abord, par des voies pacifiques, s'il n'y avait pas eu méprise de sa part, au lieu de recourir tout de suite aux armes pour trancher la question ?

Une démarche singulière de l'Allemagne. — A cette phase de la crise, l'attitude générale de l'Autriche et de l'Allemagne resta ce qu'elle était précédemment : nous en aurons, sous peu, la preuve. Cependant, l'Allemagne fit, à ce moment, une démarche singulière qui mérite d'être signalée.

Le 26 juillet, c'est-à-dire au lendemain de la rupture, M. de Schœn se présente chez M. Bienvenu-Martin et lui renouvelle la demande que l'Allemagne avait déjà adressée à Sir Ed. Grey. L'Autriche, dit-il, a fait savoir à la Russie qu'elle ne cherche pas d'agrandissement territorial ; elle veut seulement assurer sa tranquillité. La paix est, par conséquent, certaine, si la Russie s'abstient de toute intervention, c'est-à-dire si elle laisse l'Autriche infliger à la Serbie le traitement que celle-ci mérite. Que la France use donc de son influence à Saint-Pétersbourg dans ce sens, et elle sera entendue. « L'Allemagne, ajoute-il, se sent solidaire de la France dans l'ardent désir que la paix soit maintenue ». Et cette affirmation de solidarité fut renouvelée, avec insistance, à la fin de l'entretien (1).

Le même jour, à 7 heures du soir, l'ambassadeur revient au ministère ; il se rend à la Direction politique et demande que, pour éviter des commentaires erronés, on envoie à la presse un communiqué sur l'entretien de l'après-midi. Il propose même de rédiger cette note dans les termes suivants : « L'Ambassadeur d'Allemagne et le Ministre des Affaires étrangères ont eu, pendant l'après-midi, un nouvel entretien au cours duquel ils ont examiné, *dans l'esprit le plus amical et dans un sentiment de solidarité pacifique*, les moyens qui pourraient être employés pour assurer la paix générale » (2).

(1) *L. J.*, nº 56.   (2) *L. J.*, nº 57.

Le 27 au matin, il adressait sur le même sujet une lettre au Directeur politique, où, après avoir résumé à nouveau l'entretien de la veille, il ajoutait : « Notez bien la phrase sur la solidarité des sentiments pacifiques. Ce n'est pas une phrase banale » (1).

Naturellement, le Gouvernement français refusa d'accéder à une demande qui ne pouvait qu'induire l'opinion publique en erreur ; car, à supposer que l'Allemagne partageât les sentiments pacifiques de la France, les deux Gouvernements n'entendaient pas la paix de la même manière. L'Allemagne voulait qu'on agît exclusivement sur Saint-Pétersbourg afin que le cabinet de Vienne eût les mains libres ; la France ne pouvait se prêter qu'à une action qui s'exercerait sur Vienne et sur Saint-Pétersbourg à la fois. Mais alors, pourquoi demander une manifestation publique qui était si peu d'accord avec la réalité ? Ne cherchait-on [pas à faire croire que la France marchait de concert avec l'Allemagne, et cela pour compromettre le Gouvernement français vis-à-vis de la Russie et désorganiser la double alliance ? De cette manière, en même temps qu'on isolait la Russie, on se préparait, par des assurances pacifiques qui n'étaient que verbales, une sorte de prétexte pour rejeter ensuite sur les deux alliés la responsabilité de la guerre, si elle éclatait, comme il était dès lors à prévoir.

Deux nouvelles tentatives de conciliation repoussées par l'Allemagne et l'Autriche. — Tandis que, par cette démarche ambiguë, l'Allemagne ne poursuivait que des intérêts particuliers, les Puissances de la Triple-Entente, soutenues par l'Italie, s'employaient activement au maintien de la paix. Les relations diplomatiques étaient rompues, mais la guerre n'était pas déclarée ; peut-être pourrait-on arrêter le conflit avant l'ouverture des hostilités.

Dès le début, Sir Ed. Grey avait, avec une parfaite netteté, précisé la position de l'Angleterre dans le débat.

(1) *L. J.*, n° 62.

Par elle-même, la guerre austro-serbe ne l'intéressait pas, et, si l'Autriche pouvait régler directement son affaire avec la Serbie, sans que la Russie intervînt, il y donnait les mains (1). Mais il ne pouvait perdre de vue que, si la guerre entre les deux pays était déclarée, il serait impossible à la Russie d'assister indifférente à l'écrasement de la Serbie. Or, cette intervention de la Russie, en entraînant celle de l'Allemagne, menacerait la paix européenne que l'Angleterre avait tout intérêt à sauvegarder. Si la Serbie lui importait peu, la paix lui tenait à cœur. Il y avait, il est vrai, pour atteindre ce but, un moyen qui pouvait paraître très efficace : c'était de se solidariser par avance avec la Russie et la France et d'annoncer qu'en cas de guerre l'Angleterre appuierait les deux alliés. On pouvait croire, en effet, que, si l'Allemagne était assurée d'avoir contre elle la flotte britannique, elle deviendrait moins intransigeante. C'est ce que M. Sazonoff ne manqua pas de faire observer au Gouvernement anglais (2). Cependant, Sir Ed. Grey refusa, et à plusieurs reprises, de prendre sur ce point des engagements qui le lieraient pour l'avenir. Tant que l'Autriche et la Serbie étaient seules en cause, l'opinion publique en Angleterre n'aurait pas compris que l'on s'exposât à la guerre pour une question qui n'affectait pas directement les intérêts anglais (3). Sans doute, si le conflit se généralisait, il y avait bien des chances pour que l'Angleterre y fût entraînée ; mais son attitude dépendrait des circonstances et, pour cette raison, elle tenait à garder sa liberté. C'était faire entendre que, si la Russie prenait des mesures précipitées, l'Angleterre se désintéresserait des conséquences qui en pourraient résulter (4). Sir Ed. Grey ajoutait encore qu'il aurait plus d'autorité pour négocier avec l'Allemagne s'il ne s'annonçait pas d'avance comme un adversaire éventuel (5).

Il était, d'ailleurs, particulièrement qualifié pour entreprendre ces négociations ; car l'absence d'obligations pré-

(1) *Cor. B.* n 10.   (2) *Cor. B.*, nᵒ 6.   (3) *Cor. B.*, nᵒ 24.
(4) *Cor. B.*, nᵒ 17.   (5) *Cor. B.*, nᵒ 44.

cises envers les parties en présence lui permettait d'apprécier la situation avec une parfaite impartialité. Il ne méconnaissait aucunement que l'Autriche pût avoir contre la Serbie de sérieux griefs (1) ; il allait même jusqu'à dire que celle-ci avait besoin de recevoir une leçon. Mais il estimait que, sous prétexte d'humilier la Serbie, il ne fallait pas poursuivre une humiliation de la Russie (2). La réponse serbe lui paraissait donner satisfaction à l'Autriche au delà de ce qu'on pouvait espérer ; il y voyait, tout au moins, une base de discussion et de réflexion (3).

Sur tous ces points, l'entente était facile avec la Russie. Elle aussi reconnaissait que les motifs qui avaient déterminé l'Autriche se comprenaient parfaitement, que « certaines de ses demandes étaient assez raisonnables », mais qu'il y en avait d'autres qui étaient inexécutables, au moins immédiatement ; ce sont celles qui supposaient un remaniement des lois sur la presse et sur les associations. Il y en avait aussi d'incompatibles avec la dignité de la Serbie comme État indépendant (4). « Si, disait M. Sazonoff à l'ambassadeur autrichien, vous n'avez poursuivi d'autre but que de protéger votre territoire contre les menées des anarchistes serbes », vos intentions sont légitimes ; « mais le procédé auquel vous avez eu recours est indéfendable. *Reprenez votre ultimatum*, concluait-il, *modifiez-en la forme et je vous garantis le résultat* » (5). En définitive, tout ce qu'il demandait, c'est « que l'intégrité territoriale de la Serbie fût garantie et que ses droits d'État souverain fussent respectés, de manière à ce qu'elle ne devînt pas tributaire de l'Autriche. » Dans ces conditions, il se déclarait prêt à « employer toute son influence à Belgrade pour que le Gouvernement serbe allât le plus loin possible dans la voie de la conciliation » (6).

Deux moyens furent essayés pour arriver à ce résultat.

Reprenant, mais avec des précisions nouvelles, une idée qu'il avait exprimée dès le premier abord, Sir Ed. Grey

(1) *Cor. B.*, n° 5.   (2) *Cor. B.*, n° 90.   (3) *Cor. B.*, n° 46.
(4) *L. O.*, n° 25.   (5) *L. J.*, n° 54.   (6) *Cor. B.*, n° 55.

proposa que les quatre grandes Puissances qui n'étaient pas directement intéressées au débat intervinssent comme médiatrices. Les ambassadeurs de France, d'Allemagne et d'Italie seraient autorisés à se réunir en conférence avec Sir Ed. Grey pour chercher de concert une issue; mais il serait convenu que, pendant la durée des négociations, la Serbie, la Russie et l'Autriche « s'abstiendraient de toute opération militaire » (1). Cette procédure paraissait offrir de multiples avantages : la Serbie céderait plus facilement à l'Europe qu'à l'Autriche, et, en gagnant du temps, on augmenterait les chances d'une solution pacifique.

L'idée fut acceptée avec empressement par la France et par l'Italie (2). M. Sazonoff se déclara également prêt à s'y rallier. Seulement, dans l'intervalle, il avait essayé d'arriver à une entente par une autre voie : il avait offert à l'Autriche de causer directement avec elle, sans recourir à aucun intermédiaire. Il lui fallait donc attendre quelle suite serait donnée à sa proposition. Mais, même si la conversation qu'il souhaitait venait à s'engager, il y aurait intérêt, pensait-il, à ce que, pendant la durée de ces pourparlers directs, il restât en contact avec les Puissances, et celles-ci les unes avec les autres. Les deux procédés, loin de s'exclure, se complétaient donc mutuellement (3).

L'Angleterre fut vite fixée sur le sort de son projet : l'Allemagne refusa net de s'en occuper. Elle acceptait bien, en termes très vagues d'ailleurs, le principe général d'une médiation exercée par les quatre Puissances, mais ne voulait pas d'une conférence. Ce serait, disait-elle, faire comparaître l'Autriche et la Russie devant une sorte de cour d'arbitrage; ce qui lui paraissait inadmissible. En vain, Sir Ed. Grey et l'ambassadeur d'Angleterre à Berlin répondaient qu'il s'agissait simplement de procéder à un examen privé et sans caractère protocolaire, au cours duquel on chercherait en commun ce qui pourrait être tenté (4). M. de Jagow main-

(1) *Cor. B.*, n° 36.   (2) *Cor. B.*, n°ˢ 51, 49.   (3) *Cor. B.*, n°ˢ 53 et 55.
(4) *Cor. B.*, n°ˢ 43 et 67.

tenait sa position, sans d'ailleurs la justifier. Le 27 juillet, il eut avec M. J. Cambon, sur ce même sujet, une conversation qui prit, à un moment, un tour pathétique. Comme il répétait une fois de plus qu'on ne pouvait « instituer une conférence pour traiter des affaires de l'Autriche et de la Russie », M. Cambon se récria. La proposition de Sir Ed. Grey, dit-il, dépasse une simple question de forme. Ce qui importe, c'est d'associer l'Angleterre, la France, l'Allemagne et l'Italie « dans une œuvre de paix »; cette association, une fois formée, pourrait « se manifester par des démarches communes à Vienne et à Saint-Pétersbourg », et ce serait d'un bel et salutaire exemple que les deux groupes d'alliance, au lieu de s'opposer perpétuellement l'un à l'autre, agissent d'un commun accord pour empêcher le conflit : on verrait ainsi qu'il existe réellement un esprit européen. Mais M. de Jagow se dérobait en formules évasives : il alléguait ses engagements envers l'Autriche; il prétendait n'avoir pas encore lu le texte de la réponse serbe que toute l'Europe pourtant connaissait (on était au 27 juillet). Alors, las et, sans doute, irrité de ces réponses obscures et fuyantes, M. Cambon demande brusquement à son interlocuteur « *si l'Allemagne voulait la guerre* ». Et comme ce dernier protestait vivement de ses bonnes intentions, « il faut donc, reprend l'ambassadeur français, agir en conséquence. Quand vous lirez la réponse serbe, pesez-en les termes avec votre conscience, je vous en prie au nom de l'humanité, et n'assumez pas personnellement une part de responsabilité dans les catastrophes que vous laissez préparer » (1). L'appel resta sans écho.

La proposition russe n'eut pas une meilleure fortune. Le Gouvernement allemand avait déclaré à plusieurs reprises qu'elle avait ses préférences; et, en effet, il n'avait aucune raison de s'y opposer puisqu'elle n'engageait aucunement l'Allemagne (2). Mais quand on lui demanda de l'appuyer à

(1) *L. J.*, n° 74.   (2) *L. J.*, n° 74; *L. O.*, n° 40.

Vienne et d'inviter amicalement le Gouvernement autrichien à « s'engager dans cette voie de conciliation », M. de Jagow répondit « qu'il ne pouvait pas conseiller à l'Autriche de céder » (1). Aussi l'Autriche ne fit-elle rien pour entrer dans les vues de la Russie. Un premier entretien avait eu lieu, à titre purement privé, entre M. Sazonoff et l'ambassadeur autrichien, et les résultats en avaient paru satisfaisants : on était tombé virtuellement d'accord sur la nature des garanties qui pourraient être légitimement réclamées de la Serbie (2). Dans ces conditions, M. Sazonoff demanda au comte Berchtold d'envoyer à son ambassadeur des pouvoirs réguliers et des instructions afin que la conversation commencée pût se poursuivre officiellement. Mais, le 28, M. Sazonoff n'avait pas encore de réponse et commençait à se rendre compte que « l'Autriche ne voulait pas causer » (3). En fait, au même moment, le comte Berchtold informait l'ambassadeur russe à Vienne qu'il ne saurait entrer en discussion sur les termes de la note autrichienne (4). C'était décliner le principe même des pourparlers (5).

Au reste, ce même jour, se produisait l'événement qu'on voulait prévenir ou retarder. Après la rupture des relations diplomatiques, l'Autriche s'était bornée à mobiliser : elle laissait même entrevoir que les hostilités ne commenceraient pas tout de suite. Or, le 28, comme si l'on avait voulu couper court aux négociations qui se poursuivaient, la guerre était déclarée et les opérations militaires commençaient aussitôt (6). Cette décision était d'autant plus regrettable que, ce même 28 juillet, le chargé d'affaires serbe à Rome faisait, auprès du ministre italien des Affaires étrangères, une démarche qui était de nature à faciliter la paix. « Si, disait-il, quelques explications étaient données sur la modalité selon

(1) *L. O.*, n° 38.   (2) *L. O.*, n° 32; *Cor. B.*, n° 56.   (3) *L. J.*, n° 82.
(4) *Cor. B.*, n° 61.   (5) *L. O.*, n° 50.
(6) Déjà avant la déclaration de guerre, les Autrichiens avaient tiré sur deux vapeurs serbes et les avaient endommagés; deux navires marchands serbes avaient été capturés par un monitor hongrois (*Cor. B.*, n° 65).

laquelle les agents autrichiens exigeraient d'intervenir conformément aux articles 5 et 6, *la Serbie pourrait accepter la
note autrichienne dans son intégralité* (1) ». M. de San Giuliano, de son côté, faisait observer que si, par dignité, l'Autriche refusait de donner ces précisions à la Serbie, elle
pourrait sans difficulté les faire connaître aux Puissances
qui les transmettraient au Gouvernement serbe. La question
de savoir si les mots *enquêtes* et *recherches* étaient ou non
synonymes, pourrait enfin être élucidée autrement que les
armes à la main.

Aussi se demanda-t-on à quoi pouvait être due cette violente
résolution, survenue au milieu de négociations qu'elle paraissait destinée à arrêter. Parmi les soupçons qu'elle inspire,
écrivait, le 28, M. Paléologue, « le plus inquiétant est que
l'Allemagne l'aurait poussée (l'Autriche) à l'agression contre
la Serbie, afin de pouvoir elle-même entrer en lutte avec la
Russie et la France, dans des circonstances qu'elle suppose
devoir lui être le plus favorables et dans des conditions déli-
bérées » (2). Nous nous bornons à reproduire cette opinion à
titre de document.

(1) *Cor. B.*, n° 64.   (2) *L. J.*, n° 83.

III. — *Le premier ultimatum de l'Allemagne à la Russie (Journées des 29 et 30 juillet)*

Ainsi, à mesure que la crise se développait, on s'éloignait davantage d'une solution pacifique. En vain l'Angleterre, la Russie, la France et l'Italie se conjuraient pour prévenir le résultat redouté, chacune des étapes que nous venons de parcourir était un pas en avant vers la guerre. Celle-ci était même si proche qu'elle faillit éclater dès le 30 juillet.

La Triple-Entente et l'Italie poursuivent les négociations. Attitude fuyante de l'Allemagne. — Tout le monde pensait que, si la Serbie était attaquée, la Russie serait forcée de lui prêter aussitôt assistance (1). Et cependant, même après la déclaration de guerre, les intentions conciliantes de M. Sazonoff restèrent invariables. Le 29 juillet, M. Paléologue informait le Gouvernement français « que le Gouvernement russe acquiesce à toutes les procédures que la France et l'Angleterre lui proposeront pour sauvegarder la paix (2) ». Le même langage était tenu à Londres (3). Tout ce que demandait M. Sazonoff, c'est que l'on ne perdît pas de temps, afin d'éviter que l'Autriche ne profitât de ces retards pour écraser la Serbie.

A s'en tenir aux apparences, on pouvait croire que les chances de paix étaient encore sérieuses, car le langage que tint à ce moment l'Allemagne paraissait témoigner de dispositions plus favorables. On dirait qu'un revirement s'était produit et que le cabinet de Berlin était maintenant décidé à user de son influence à Vienne en faveur de la paix. En

(1) *Cor. B.*, n° 11.   (2) *L. J.*, n° 86.   (3) *Cor. B.*, n° 78; *L. O.*, n° 50.

effet, le 29 au matin, M. de Schoen venait informer M. Bienvenu-Martin, à titre officieux il est vrai, que le Gouvernement allemand poursuivait ses efforts en vue d'amener le gouvernement autrichien à s'expliquer sur le but et l'extension des opérations qu'il projetait en Serbie. « Le cabinet de Berlin, ajoutait-il, espère recevoir des précisions qui seraient de nature à donner satisfaction à la Russie.... Quand on saura jusqu'où l'Autriche veut aller, on aura une base de discussion (1) ». La même communication était faite à Saint-Pétersbourg (2) et à Londres (3). Le 30, le Chancelier allemand disait à Sir E. Goschen qu'il « pressait le bouton » afin de mettre en marche le mécanisme de la médiation ; il se demandait même s'il n'avait pas eu le tort d'aller trop loin en prêchant à Vienne la modération, et si son insistance ne risquait pas de précipiter les événements (4).

Ces bonnes paroles, quoiqu'un peu vagues, pouvaient paraître rassurantes. Malheureusement, ni dans les documents diplomatiques ni dans la marche des événements, on n'aperçoit aucune trace de l'action modératrice que l'Allemagne prétendait être en train d'exercer, presque avec excès.

Le Gouvernement allemand a publié un *Livre Blanc* exclusivement destiné à établir qu'il n'est pas responsable de la guerre, qu'il a fait, en faveur de la paix, tout ce qui était humainement possible. La meilleure manière de prouver sa thèse eût été de publier les dépêches dans lesquelles il donnait à son ambassadeur à Vienne, M. de Tschirsky, ces instructions pacifiques. Or, sur les vingt-sept pièces que comprend le *Livre Blanc, il n'en est pas une seule qui ait cet objet.* Nulle part, il n'y est question d'une action à exercer sur le Gouvernement autrichien pour l'engager à modérer son intransigeance. On y voit bien le Chancelier allemand, dans un télégramme du 27 juillet, transmettre à Vienne, mais sans les appuyer d'aucune manière, la proposition de M. Sazonoff et celle de Sir Ed. Grey, dont il a été question précé-

(1) *L. J.*, n° 94.   (2) *Cor. B.*, n° 95, 2° annexe.   (3) *Cor. B.*, n° 84.
(4) *Cor. B.*, n° 107.

demment; puis on trouve une dépêche, datée du 28, où
M. de Tschirsky répond que le comte Berchtold les décline
comme trop tardives, la guerre contre la Serbie étant
déclarée; et c'est tout. Sans doute, un recueil diplomatique
ne comprend généralement que des pièces choisies. Mais il
serait surprenant que la Chancellerie allemande eût précisé-
ment omis celles qu'elle avait le plus d'intérêt à publier.

A défaut d'instructions écrites, les dispositions pacifiques
de l'Allemagne se sont-elles manifestées par des actes?

Puisque l'Autriche avait radicalement repoussé les pourparlers directs avec la Russie, il n'y avait plus qu'un moyen
d'aboutir : il fallait revenir au projet anglais et faire intervenir simultanément, sous la forme d'une conférence ou de
toute autre manière, les quatre Puissances désintéressées.
Les circonstances semblaient favorables. Maintenant que,
par le bombardement de Belgrade, l'Autriche avait obtenu
comme une première satisfaction, elle serait peut-être moins
réfractaire à l'idée de soumettre son litige à l'Europe. D'autre
part, les concessions nouvelles que la Serbie se disait prête
à faire (v. plus haut p. 27) pouvaient rendre un arrangement
plus facile (1). Aussi M. Sazonoff demanda-t-il instamment
qu'on reprît la proposition anglaise (2).

Sir Ed. Grey en parle donc de nouveau au prince Lichnowsky; mais celui-ci y oppose le même refus qu'auparavant,
vant, et en le justifiant par les mêmes raisons. Il lui paraît
inadmissible que l'Autriche soit traduite devant un tribunal
européen. Mais Sir Ed. Grey insiste. L'Allemagne a accepté
le principe d'une médiation. Si donc les mots de « conférence »
et d' « arbitrage » l'effraient, c'est à elle qu'il appartient de
dire sous quelle forme elle conçoit possible cette médiation
qu'elle juge elle-même nécessaire. La formule qu'elle propo-
sera, quelle qu'elle soit, sera agréée avec gratitude, si elle
permet de maintenir la paix (3). L'Allemagne était ainsi obligée de renoncer aux généralités vagues dans lesquelles elle

(1) *Cor. B.*, n° 90.   (2) *L. O.*, n° 48.   (3) *L. J.*, n° 98; *Cor. B.*, n° 84.

s'était tenue jusqu'alors et de faire enfin une proposition ferme. On allait pouvoir s'assurer si la médiation dont elle parlait n'était qu'un mot, ou si, au contraire, derrière ce mot, elle entrevoyait une réalité concrète. Comme le disait M. J. Cambon, elle était mise au pied du mur (1).

Elle jugea, sans doute, la question embarrassante, car, le 30, elle n'y avait pas encore répondu ; et pourtant, on était à un moment où les heures et même les minutes avaient un prix inestimable (2). Comme M. Cambon interrogeait M. de Jagow sur ce retard, celui-ci s'excusa en alléguant qu'il « avait voulu gagner du temps » : il avait décidé d'agir directement et « avait demandé à l'Autriche de dire sur quel terrain on pourrait causer avec elle (3) ». Il se vantait même d'avoir insisté auprès d'elle pour qu'elle déclarât publiquement n'avoir pas d'autre objet, en ouvrant les hostilités, que de s'assurer les garanties nécessaires à son existence (4). Mais quand même l'Autriche aurait consenti à faire cette déclaration, la marche des négociations n'en eût pas été facilitée, car le gouvernement austro-hongrois avait déjà bien des fois affirmé qu'il ne demandait que des garanties indispensables. Malheureusement, on ne savait toujours pas ce qu'il entendait par là. En somme, en adoptant cette manière de procéder, l'Allemagne esquivait, au lieu d'y répondre, la question gênante qui lui avait été posée : elle évitait de dire comment elle entendait cette action des Puissances qu'elle admettait en principe, mais qu'elle écartait, en fait, sous toutes ses modalités pratiques. On avait perdu du temps sans faire un pas en avant.

L'Allemagne avait cependant un moyen très simple de travailler à la paix : c'était de peser sur le cabinet de Vienne pour l'amener à ne réclamer que des garanties acceptables. La Russie se bornait à demander que l'Autriche respectât, outre l'intégrité territoriale de la Serbie, ses droits de souveraineté. Ce qui importait, en effet, c'est que la Serbie ne

(1) *L. J.*, n° 81.   (2) *L. J.*, n° 108.   (3) *L. J.*, n° 109.
(4) *Cor. B.*, n° 75.

tombât pas sous la dépendance politique de l'Autriche. Que des assurances fussent données sur ce point, et la paix n'était guère douteuse. Mais quand M. Sazonoff demanda au Gouvernement allemand de l'aider à les obtenir, il essuya un refus. M. de Pourtalès, avec qui il eut une conversation à ce sujet le 29 juillet, se borna à lui répondre qu'il transmettrait sa demande à Berlin, mais qu'il ne pouvait rien faire de plus. Il ajouta même que, en faisant cette proposition, on demandait à l'Allemagne « de faire, par rapport à l'Autriche, ce qu'on reprochait à l'Autriche de vouloir faire par rapport à la Serbie : on voulait attenter à sa souveraineté. En déclarant qu'elle n'avait aucune prétention territoriale, l'Autriche s'était engagée à tenir compte des intérêts russes : grande concession de la part d'un État engagé dans une guerre ! On devait donc lui permettre de régler seule ses affaires avec la Serbie. Il serait toujours temps, quand se tiendrait la Conférence de la paix, de revenir à la question de savoir si et dans quelle mesure la souveraineté de la Serbie devrait être épargnée »(1).

La politique réelle de l'Allemagne ne concordait donc aucunement avec son langage : tout en protestant d'un vif désir de sauvegarder la paix, elle rejetait tous les moyens proposés pour arriver à ce but et n'en suggérait aucun autre. Les principes dont s'inspirait le Gouvernement allemand expliquent cette ambiguïté. Suivant lui, en effet, la Russie n'était pas fondée à intervenir, mais devait se désintéresser

---

(1) *L. B.*, p. 9. — On lit pourtant dans la Préface du *Livre Blanc* : « A notre suggestion, l'ambassadeur austro-hongrois reçut des instructions le 29 juillet pour entrer en conversation avec M. Sazonoff. Le comte Szapary était autorisé à expliquer au ministre russe la note adressée à la Serbie, et à accepter toute suggestion venant de la Russie, aussi bien qu'à discuter avec M. Sazonoff toutes les questions concernant les relations austro-russes (p. 10). » *On vient de voir quel langage l'ambassadeur allemand tint à M. Sazonoff justement le 29 juillet : il n'y est pas trace des dispositions conciliantes que, au même moment, le Gouvernement de Berlin aurait suggérées au cabinet de Vienne.* D'ailleurs, le 29, le comte Berchtold venait de refuser toute conversation directe avec la Russie. On voit quel respect le *Livre Blanc* a pour la vérité. Bien entendu, d'ailleurs, il ne cite aucune pièce à l'appui de son affirmation.

de la Serbie : du moment que l'Autriche avait promis de respecter le territoire serbe, il n'y avait rien de plus à lui réclamer. Or, c'est ce que la Russie ne pouvait admettre. La paix à laquelle l'Allemagne se disait si désireuse de travailler se trouvait ainsi subordonnée à une condition qui rendait la guerre inévitable. La médiation qu'elle offrait était le contraire d'une médiation; car le rôle d'un médiateur ne consiste pas à faire abstraction des intérêts et des revendications d'une des parties en cause. Elle parlait d'apaiser le conflit, mais en oubliant la difficulté qui en était l'origine. Elle prononçait le mot de conciliation, mais en entendant par là la soumission pure et simple d'un des deux adversaires. Nulle part, cette contradiction n'éclate avec plus d'évidence que dans deux télégrammes adressés vers ce moment par l'Empereur d'Allemagne à l'Empereur de Russie. Rentré d'une croisière le 26, Guillaume II télégraphiait, le 28, à son cousin pour lui dire qu'il allait agir à Vienne; mais, en même temps, il déclarait avec force que les exigences de l'Autriche étaient entièrement justifiées; et comme le Tzar, dans sa réponse, avait contesté cette assertion, Guillaume II télégraphiait à nouveau pour la maintenir; il ajoutait impérieusement que, dans la guerre austro-serbe, la Russie devait s'en tenir au rôle de spectatrice et que, d'ailleurs, cela lui était facile (1).

Au reste, ce qui montre bien quelles étaient les dispositions réelles de l'Allemagne, c'est que, pendant les journées mêmes où se poursuivaient ces négociations, elle préparait un acte qui, s'il avait abouti, aurait immédiatement déterminé la guerre.

Premier ultimatum de l'Allemagne à la Russie. — Dès que la crise s'était ouverte, le Gouvernement russe avait dû se préoccuper des mesures militaires qui pouvaient devenir nécessaires. Le 25 juillet, à un Conseil des Ministres présidé

(1) *L. B.*, nᵒˢ 20 et 22.

par le Tzar, la mobilisation de treize corps d'armée, destinés
à agir éventuellement contre l'Autriche, avait été envisagée.
Toutefois, elle ne devait devenir effective que si l'Autriche
prenait les armes contre la Serbie et après avis conforme du
Ministre des Affaires étrangères(1). Le 29 juillet, on jugea
que le moment était venu. La guerre contre la Serbie était
commencée depuis la veille ; de plus, l'Autriche se refusait à
toute transaction comme à toute conversation ; enfin, elle
avait déjà mobilisé huit corps d'armée et elle avait même
commencé à masser des troupes en Galicie sur la frontière
russe (2). Il fut donc décidé qu'on mobiliserait quatre arron-
dissements militaires.

Cette décision fut communiquée officiellement au Gouvernement allemand dans les termes les plus amicaux : on
l'assura que la Russie n'avait aucune intention agressive
contre l'Allemagne(3). L'Autriche elle-même fut avertie que
la mobilisation ne devait pas être interprétée comme un
acte d'hostilité, mais seulement « comme un moyen d'indiquer l'intention et les droits du Tzar d'émettre un avis dans le
règlement de la question serbe ». Aussi le Gouvernement
autrichien n'en prit-il pas ombrage : il y eut même, le 30, une
conversation entre le comte Berchtold et M. Schebeko, l'ambassadeur russe à Vienne, où des propos très pacifiques furent
échangés (4). Nous aurons à en reparler.

Mais l'Allemagne, bien qu'elle ne fût pas menacée, prit
tout autrement les choses. Dans la journée même du 29, le
comte de Pourtalès alla déclarer à M. Sazonoff que, si la
Russie n'arrêtait pas ses préparatifs militaires, l'armée allemande recevrait l'ordre de mobiliser ; et les événements nous
apprendront que, pour l'Allemagne, mobilisation signifie
guerre (5). D'ailleurs, cette notification, dit M. Sazonoff, fut
faite sur un ton qui décida « le Gouvernement russe, cette
nuit même (29-30 juillet), à ordonner la mobilisation des

(1) *L. J.*, n° 50.   (2) *L. J.*, n°° 95, 97, 101.   (3) *Cor. B.*, n° 70.
(4) *L. J.*, n° 104.
(5) Cf. *L. B.*, Préf., p. 7.

treize corps d'armée destinés à opérer contre l'Autriche » (1).
Ainsi le Gouvernement allemand ne craignait pas de déchaîner la guerre sur l'Europe à l'occasion d'une mesure qui ne
le concernait pas, qui ne visait que l'Autriche, et que l'Autriche, pourtant, acceptait sans protestation.

Et la menace fut bien près d'être exécutée. Dans la soirée
du 29, un Conseil extraordinaire fut tenu à Potsdam sous la
présidence de l'Empereur. Les autorités militaires y avaient
été convoquées. Des décisions y furent prises qui ne furent
pas rendues publiques, mais qui, certainement, n'étaient pas
favorables à la paix; car, au cours de la nuit, le Chancelier
fit venir en hâte l'ambassadeur anglais, Sir E. Goschen : et,
après lui avoir exprimé la crainte que la conflagration européenne ne devînt inévitable, il offrit « une forte enchère pour
s'assurer la neutralité de l'Angleterre ». Si, dit-il, la Grande-
Bretagne consentait à rester à l'écart, le Gouvernement impérial était prêt à donner toutes les assurances que, en cas
de victoire, il ne chercherait aucun agrandissement territorial aux dépens de la France continentale ; il se refusa, toutefois, à prendre le même engagement pour les colonies françaises. En même temps, il promit que l'Allemagne respecterait la neutralité de la Hollande, si elle était également
respectée par les autres belligérants. Quant à la Belgique,
« les opérations que l'Allemagne pourrait se trouver dans la
nécessité d'(y) entreprendre dépendraient de ce que ferait la
France » ; en tout cas, si la Belgique ne se rangeait pas contre
l'Allemagne, elle serait évacuée après la guerre. Enfin, il
termina en rappelant que, depuis son arrivée au pouvoir, il
avait toujours eu pour but d'arriver à un accord avec l'Angleterre. « Il espérait que ces assurances pourraient devenir
la base de cette entente qu'il désirait si vivement. Il pensait

____

(1) *L. J.*, nᵒ 100. — Toutefois, M. Viviani lui ayant exprimé le désir
qu'aucune disposition ne fût prise qui pût offrir à l'Allemagne un prétexte pour une mobilisation générale, M. Sazonoff lui fit savoir le 30
que, dans la nuit même, l'état-major avait fait surseoir à des mesures militaires qui auraient pu prêter à l'équivoque (*L. J.*, nᵒ 102).

à une entente générale de neutralité entre l'Allemagne et l'Angleterre... et la promesse de la neutralité britannique dans le conflit lui permettrait d'entrevoir les moyens de réaliser son désir » (1).

Le fait que cette conversation avait lieu d'urgence, immédiatement après la conférence de Potsdam, prouve qu'elle avait été déterminée par les résolutions prises au cours de cette conférence et que la question dont le Chancelier entretenait son interlocuteur était regardée par lui comme exceptionnellement urgente. Or cette question supposait la guerre déclarée. C'est donc que des mesures venaient d'être prises à Potsdam qui rendaient la guerre imminente. Et en effet, le 30, vers une heure de l'après-midi, le *Lokal Anzeiger* faisait paraître une édition spéciale où se trouvait promulgué le décret ordonnant la mobilisation générale (2).

Cependant, une heure après, M. de Jagow téléphonait aux ambassadeurs pour démentir la nouvelle, et le gouvernement faisait saisir les exemplaires du journal qui l'avait publiée. Mais le *Lokal Anzeiger*, organe semi-officiel, n'eût pas préparé une édition spéciale pour annoncer une mesure aussi grave, si elle n'avait pas été réellement prise. Seulement, après coup, on avait décidé de la rapporter, mais en omettant de prévenir le journal. Ce revirement se traduisit d'ailleurs par une nouvelle démarche de M. de Pourtalès : dans cette même nuit du 29 au 30, il retourna chez M. Sazonoff et là, s'il insista de nouveau pour que la Russie arrêtât ses préparatifs militaires, ce fut sur un ton beaucoup moins catégorique et qui n'avait plus rien de comminatoire. Il se borna à demander à quelles conditions la Russie suspendrait sa mobilisation. L'ultimatum était retiré (3).

La conversation que M. de Bethmann-Hollweg avait eue, quelques heures auparavant, avec Sir E. Goschen fut, très vraisemblablement, pour beaucoup dans ce changement d'attitude. L'ambassadeur anglais, en effet, avait répondu avec

(1) *Cor. B.*, n° 85.   (2) *L. O.*, n° 61.   (3) *L. J.*, n° 103.

la plus grande réserve à l'appel chaleureux qui lui était
adressé et aux offres qui lui étaient faites. Il s'était borné à
déclarer que, à son avis, Sir Ed. Grey ne serait pas disposé
à s'engager d'une façon quelconque, mais tiendrait à garder
sa liberté (1). De plus, un peu plus tard dans la nuit, le Chancelier apprit, par un télégramme de Londres, une conversation qui avait eu lieu, dans la journée même, entre Sir Ed.
Grey et l'ambassadeur allemand. Sir Ed. Grey avait pris
l'initiative de prévenir le prince Lichnowsky que, si la guerre
éclatait et si la France y était entraînée à la suite de l'Allemagne et de la Russie, il ne s'engageait aucunement à
« rester à l'écart ». Il avait ajouté, d'ailleurs, qu'il ne fallait
voir dans son langage rien qui pût ressembler à une menace;
pour cette raison, il se refusait à spécifier les circonstances
dans lesquelles l'Angleterre pourrait intervenir. Il désirait
seulement réserver sa liberté; mais il ne voulait pas que le
ton amical de ses relations avec le prince pût faire croire
au Gouvernement allemand que l'Angleterre s'abstiendrait
dans tous les cas. Surtout, il tenait à ce qu'on ne pût pas
lui « reprocher un jour d'avoir, en induisant l'Allemagne
en erreur, empêché les événements de prendre un cours dif-
férent » (2). Cet entretien, qui confirmait le précédent, était
encore plus significatif et M. de Bethmann-Hollweg en com-
prit aisément toute la portée (3).

L'Allemagne tenait essentiellement à la neutralité de l'Angleterre (4); la démarche du Chancelier en est la meilleure
preuve et nous en trouverons d'autres. Or, la seule raison par
laquelle elle pouvait justifier, à ce moment, une mobilisation
générale contre la Russie était insoutenable, puisque l'Autriche, seule intéressée, ne faisait pas d'objection aux préparatifs russes. Il était donc à craindre que la guerre, déclarée dans
ces conditions, ne fût une de ces circonstances dont avait
parlé Sir Ed. Grey et qui l'obligeraient à intervenir. C'est

(1) *Cor. B.*, n° 85.   (2) *Cor. B.*, n° 89.
(3 *Cor. B.*, n° 98, *in fine*.   (4) *Cor. B.*, n°ˢ 75, 76.

pourquoi on prit le parti d'ajourner les mesures déjà décidées et d'attendre (1).

Nouvelle proposition pacifique de la Russie, repoussée par l'Allemagne. — Mais cet incident offrit à M. Sazonoff une nouvelle occasion de montrer la sincérité de ses intentions pacifiques.

Au cours de sa seconde visite au Ministère des Affaires étrangères, M. de Pourtalès avait répété une fois de plus que la promesse faite par l'Autriche de ne pas porter atteinte au territoire serbe devait suffire à la Russie. « Ce n'est pas seulement l'intégrité territoriale de la Serbie que nous devons sauvegarder, répondit M. Sazonoff, c'est encore son indépendance et sa souveraineté. » Puis il ajouta : « L'heure est trop grave pour que je ne vous déclare pas toute ma pensée. En intervenant à Pétersbourg, tandis qu'elle refuse d'intervenir à Vienne, l'Allemagne ne cherche qu'à gagner du temps afin de permettre à l'Autriche d'écraser le petit royaume serbe avant que la Russie n'ait pu le secourir. Mais l'Empereur Nicolas a un tel désir de conjurer la guerre que je vais vous faire en son nom une dernière proposition : *Si l'Autriche, reconnaissant que son conflit avec la Serbie a assumé le caractère d'une question d'intérêt européen, se déclare prête à éliminer de son ultimatum les clauses qui portent atteinte à la souveraineté de la Serbie, la Russie s'engage à cesser toutes mesures militaires* » (2).

Le comte de Pourtalès promit de transmettre cette proposition auprès de son gouvernement. Mais le même jour, M. de Jagow, mis au courant, la déclarait inacceptable pour l'Autriche (3), sans même avoir consulté cette dernière.

En résumé, il y a, à cette période, un contraste marqué

(1) *Dans le* Livre Blanc *allemand, comme dans la Préface, il n'y a pas trace de cet ultimatum ni des événements dont il est connexe.*
(2) *L. J.,* n° 103, *L. O.,* n° 60.
(3) *L. O.,* n° 63, *L. J.,* n° 107. — *Dans le* Livre Blanc, *il n'y a pas trace de cette nouvelle tentative de conciliation.*

entre les paroles et les actes du Gouvernement allemand.
Aussi peut-on se demander si ses paroles n'étaient pas destinées à couvrir ses actes et à faire croire que les mesures
prises ou préparées à ce moment par l'Allemagne lui étaient
arrachées par la malignité de ses adversaires, en dépit d'elle-
même et des sentiments pacifiques qu'elle affirmait verbale-
ment.

IV. — *La déclaration de guerre à la Russie et à la France (31 juillet-3 août)*.

Nous arrivons au dénouement. Par suite de l'insécurité et de la défiance réciproque où vivaient tous les peuples d'Europe, la question de la mobilisation va se poser de nouveau avec une nouvelle acuité, et ce sera la guerre.

Le second ultimatum de l'Allemagne à la Russie. — L'Autriche n'avait encore mobilisé qu'une partie de ses troupes. Mais le 31 juillet, à la première heure, la mobilisation générale était décrétée : tous les hommes de 19 à 42 ans étaient appelés (1). La mesure était grave. Mais, sans doute, le comte Berchtold crut pouvoir y procéder sans inconvénient; car, la veille même, il avait été convenu entre M. Schbeko et lui qu'il n'y aurait pas lieu de considérer comme actes d'hostilité les préparatifs militaires qui pourraient être faits de part ou d'autre.

A cette nouvelle, la Russie jugea naturel de prendre les mêmes précautions. Elle savait d'ailleurs que, depuis plusieurs jours, l'Allemagne se préparait à la mobilisation : la flotte de Norvège ralliait l'Allemagne; les réservistes avaient reçu l'ordre de ne pas s'absenter (cf. plus haut, p. 11); les officiers absents étaient rappelés, les propriétaires d'automobiles invités à tenir leurs voitures à la disposition de l'autorité militaire; d'importants mouvements de troupes avaient lieu du côté du golfe de Finlande, etc. Dans ces conditions, étant donnée surtout l'extrême lenteur avec laquelle se fait la mobilisation russe, il parut impossible

(1) *L. J.*, n° 115.

d'attendre davantage : le 31 juillet, vers le milieu de la journée, là flotte et l'armée tout entières furent mobilisées (1).

L'Autriche accueillit la nouvelle sans aucune objection : c'était juste le moment où, comme nous allons le voir, les relations des deux pays devenaient meilleures et, à partir de là, elles continuèrent à s'améliorer. Mais, à Berlin, la protestation fut véhémente et elle se traduisit immédiatement en actes. Déjà, à 2 heures de l'après-midi, l'Empereur Guillaume avait envoyé au Tzar un télégramme d'un ton très menaçant. Il n'y parlait pas encore de la mobilisation russe, mais se plaignait seulement de mesures militaires qui auraient été prises contre lui à sa frontière orientale. Il annonçait qu'il allait être obligé de prendre « les mêmes précautions défensives », et sans dire encore que la guerre en résulterait nécessairement, il faisait entendre qu'elle était inévitable si la Russie continuait à armer; il en déclinait la responsabilité par avance et la rejetait tout entière sur l'Empereur Nicolas (2). L'*état de danger de guerre* (*Kriegsgefahrzustand*) était aussitôt décrété; peut-être même le décret fut-il antérieur au télégramme : cette mesure a pour effet de couper les relations entre l'Allemagne et les autres pays, et permet

---

(1) *Cor. B.*, n° 113, *L. J.*, n° 118. — *Ce fait capital que la mobilisation générale autrichienne a été antérieure à la mobilisation générale russe n'est, nulle part, signalé dans le* Livre Blanc. Cette antériorité est pourtant certaine. Elle est affirmée non seulement par le télégramme explicite de M. Paléologue, mais par le rapport que Sir M. de Bunsen adressa à son Gouvernement après être rentré en Angleterre (*Cor. B.*, n° 161). Il y a bien un télégramme du même ambassadeur fixant au 1ᵉʳ août la mobilisation générale de l'armée et de la flotte (*Cor. B.*, n° 127). Mais il faut entendre par là que le 1ᵉʳ août fut le premier jour de la mobilisation; la promulgation du décret était de la veille.

La presse allemande a fait grand état d'une lettre écrite par un agent diplomatique belge, nommé M. de l'Escaille, qui fut interceptée par le cabinet noir allemand. M. de l'Escaille y exprimait des sentiments assez favorables à l'Allemagne, disant qu'elle avait fait le possible pour prévenir la guerre. Un fait montre quel crédit méritent les sources où se renseignait M. de l'Escaille : dans cette lettre, datée du 30 juillet, il est dit que le décret de mobilisation générale a été *publié* le 30 à 4 heures du matin; ce qui est certainement inexact. Pourtant la date d'une publication de ce genre est un fait facile à constater.

(2) *L. B.*, Préf., p. 13.

au gouvernement de procéder immédiatement à une véritable mobilisation. Enfin, à minuit, la mobilisation russe ayant été connue à Berlin dans l'intervalle, le comte de Pourtalès venait sommer M. Sazonoff d'arrêter dans les douze heures tous les préparatifs militaires *« aussi bien contre l'Allemagne que contre l'Autriche »*, sans quoi l'Allemagne mobiliserait (1). C'était l'ultimatum sous sa forme la plus blessante pour un grand pays, puisque la Russie était mise en demeure de répondre dans un délai déterminé. De plus, on exigeait qu'elle cessât de mobiliser, non seulement contre l'Allemagne, c'est-à-dire sur les frontières de la Prusse orientale, mais même dans le Sud, contre l'Autriche qui, pourtant, mobilisait toutes ses forces. Le Gouvernement allemand ne songea même pas qu'il eût été, en tout cas, de stricte équité, d'adresser la même demande au Gouvernement de Vienne. En d'autres termes, on exigeait que la Russie se mît, vis-à-vis de l'Autriche, dans un état d'infériorité manifeste que l'Autriche elle-même ne réclamait pas. Comme Sir E. Goschen s'étonnait auprès de M. de Jagow qu'on eût ainsi rendu l'ultimatum inacceptable pour le Gouvernement russe, il fut répondu que *« c'était en vue d'empêcher la Russie de dire que toute sa mobilisation était dirigée uniquement contre l'Autriche »* (2).

Suivant un mot de M. de Pourtalès, si ce n'était pas encore la guerre, on en était tout près.

Nouvelle formule de transaction, acceptée de l'Autriche, repoussée par l'Allemagne — Et cependant, à ce même moment, les négociations se poursuivaient en dehors de l'Allemagne et elles prenaient une tournure favorable qu'elles n'avaient pas eue jusqu'alors. N'étaient les menaces allemandes, on aurait pu croire la paix toute proche.

Nous avons vu (v. plus haut, p. 35) que, le 30 juillet, après la mobilisation partielle de l'armée russe, une conversation

(1) *L. B.*, n° 25.   (2) *Cor. B.*, n° 121.

d'un ton très conciliant, avait eu lieu à Vienne entre le comte Berchtold et M. Schebeko. Mais nous n'avons pas encore rapporté les propos les plus importants qui furent échangés dans cet entretien. On ne s'était pas borné à se donner mutuellement des assurances pacifiques; on avait abordé le fond du débat. Pour la première fois, on avait parlé du conflit austro-serbe et des moyens de le régler. Il fut entendu que l'on reprendrait officiellement les pourparlers que M. Sazonoff et M. Szapary avaient engagés à titre privé, et que le comte Berchtold avait interrompus, le 28, en refusant à son ambassadeur les pouvoirs nécessaires pour les continuer (v. plus haut, p. 27) : ce refus aurait été dû, disait le Ministre autrichien, à un malentendu, mais M. Szapary allait être immédiatement « autorisé à discuter quel accommodement serait compatible avec la dignité et le prestige dont les deux Empires ont un souci égal ». Jamais concession de cette importance n'avait été faite par l'Autriche. De son côté, d'ailleurs, l'ambassadeur russe assurait « que son Gouvernement tiendrait un compte beaucoup plus large qu'on ne suppose des exigences de la Monarchie » austro-hongroise (1).

Juste à ce moment, l'Allemagne se plaint auprès de diverses Puissances que les efforts qu'elle fait, dit-elle, pour prêcher la paix et la modération à Vienne sont embarrassés et paralysés par la mobilisation russe contre l'Autriche (2). Or, tout au contraire, jamais l'Autriche ne s'est montrée aussi conciliante et aussi disposée à négocier. Il est impossible d'apercevoir ce qui a pu autoriser le Gouvernement allemand à tenir un langage que les faits, aujourd'hui connus, contredisent manifestement. La vérité est que la mobilisation russe marque un moment critique à partir duquel, entre l'attitude de l'Allemagne et celle de l'Autriche, un contraste se produit qui va aller en s'accentuant. Plus la première va devenir belliqueuse, plus la seconde inclinera vers la paix.

(1) *L. J.*, n° 104.   (2) *Cor. B.*, n°ˢ 98, 105, 108; *L. B.*, Télégramme du Kaiser, Préf., p. 13.

Une formule nouvelle, élaborée par l'Angleterre et la Russie, allait, d'ailleurs, faciliter à l'Autriche ce revirement.

Le 29, Sir Ed. Grey, en causant avec l'ambassadeur allemand, avait émis l'idée qu'il y aurait peut-être un moyen de rendre plus facilement acceptable le principe de la médiation : l'Autriche, aussitôt qu'elle aurait occupé une partie du territoire serbe, déclarerait « qu'elle n'avancera pas plus loin jusqu'à ce que les Puissances aient fait un effort pour s'interposer entre elle et la Russie » (1). Le lendemain, 30 juillet, Sir Ed. Grey eut communication de la formule que M. Sazonoff avait, la veille, soumise à l'Allemagne par l'intermédiaire de M. de Pourtalès et que le Gouvernement allemand avait repoussée (v. plus haut p. 39). Il parut à Sir Ed. Grey qu'il y avait quelque rapport entre cette proposition et la sienne, et que, avec un peu de bonne volonté, la formule de M. Sazonoff pourrait être modifiée de manière à se concilier avec celle dont il avait eu l'idée de son côté (2). M. Sazonoff se rendit à ce désir et proposa la rédaction suivante : « Si l'Autriche consent à arrêter la marche de ses armées sur le territoire serbe et si, reconnaissant que le conflit austro-serbe a assumé le caractère d'une question d'intérêt européen, elle admet que les grandes Puissances examinent la satisfaction que la Serbie pourrait accorder au gouvernement d'Autriche-Hongrie sans laisser porter atteinte à ses droits d'État souverain et à son indépendance — la Russie s'engage à conserver son attitude expectante (3) ». En proposant cette formule, M. Sazonoff faisait à la cause de la paix un nouveau et dur sacrifice ; car, comme il y reconnaissait le fait de l'invasion de la Serbie par les troupes autrichiennes, il avait l'air de la consacrer en droit.

(1) *Cor. B.*, n° 88. — Le Gouvernement allemand assura Sir Ed. Grey qu'il avait transmis cette proposition à Vienne et l'y avait appuyée (*Cor. B.*, n°° 88 et 103). Nous verrons pourtant que, quand M. Sazonoff l'eut acceptée à peine modifiée, l'Allemagne n'en voulut pas entendre parler. En tout cas, dans le *Livre Blanc*, il n'y a pas une pièce où il soit question de l'action qui aurait été exercée sur le Gouvernement de Vienne à cette occasion.

(2) *Cor. B.*, n° 103.   (3) *L. O.*, n° 67.

L'Angleterre et la France acceptèrent sans hésiter cette nouvelle proposition. Que l'Autriche y adhérât à son tour, et l'ultimatum qui venait d'être adressé à la Russie se trouvait sans objet. L'Allemagne obtenait satisfaction, car la mobilisation russe devait s'arrêter d'elle-même, dès que l'Autriche aurait consenti les concessions qu'on lui demandait de faire. L'Autriche les consentit aussitôt et en prévint l'Allemagne (1). Elle acceptait le principe de la médiation ; elle acceptait même de discuter « la substance de l'ultimatum » envoyé le 23 à la Serbie (2). En même temps, elle multipliait les démonstrations pacifiques. A Vienne, le comte Berchtold faisait venir l'ambassadeur russe et « le suppliait de faire tout son possible pour dissiper l'impression entièrement fausse qu'on avait à Saint-Pétersbourg » : c'est à tort, disait-il, qu'on y accusait l'Autriche-Hongrie « d'avoir brutalement fermé la porte aux pourparlers ». A Paris et à Londres, il faisait savoir que le gouvernement austro-hongrois « n'avait aucune intention *de porter atteinte aux droits souverains de la Serbie* ni d'obtenir une augmentation de territoire (3) ». La Russie n'avait jamais rien demandé de plus. Aussi, une fois mis au courant de ces pourparlers et de leurs résultats, que son gouvernement lui avait laissé ignorer, M. de Schoen ne put s'empêcher de reconnaître, le 1er août au matin, qu'il y avait là « une lueur d'espoir (4) ».

Sans doute, s'il s'exprimait, malgré tout, avec tant de réserve, c'est que le silence observé par son Gouvernement sur ces importantes négociations ne lui paraissait pas de très bon augure. Et en effet, cette formule, que tous les autres États trouvaient équitable, que les parties les plus directement engagées dans le conflit s'étaient empressées d'accepter, l'Allemagne l'écarta. En vain, le 1er août, l'ambassadeur anglais à Berlin s'appliqua à montrer à M. de Jagow ce qu'il y avait d'étrange dans la situation : le différend principal était

---

(1) *Cor. B.*, n° 135.   (2) *Cor. B.*, n° 133.
(3) *Cor. B.*, n° 137 ; *L. O.*, n° 73.   (4) *L. J.*, n° 125.

entre l'Autriche et la Russie; l'Allemagne n'intervenait que comme alliée de l'Autriche; si donc les deux États intéressés étaient d'accord pour converser, et c'était le cas, il serait illogique que l'Allemagne mît obstacle à une solution pacifique, « *si elle ne désirait pas la guerre pour son propre compte* » (1). M. de Jagow ne voulut rien entendre. Sans doute, dit-il, « si la Russie n'avait pas mobilisé contre l'Allemagne, tout aurait pu s'arranger ». Maintenant il est trop tard. Le Gouvernement allemand ne voit qu'une chose : une sommation a été adressée à la Russie; il faut que celle-ci se soumette. Quant aux concessions si graves faites par l'Autriche, elles ne comptent pas pour l'Allemagne, car, suivant M. de Jagow, c'est à l'influence allemande qu'elles sont dues. Combien il est regrettable que les dépêches, où doivent avoir été consignés les conseils de sagesse que l'Allemagne dit avoir donnés à Vienne, n'aient pas été publiées ! Mais surtout combien il est surprenant que l'Allemagne ait conseillé à Vienne une si exemplaire modération pendant ces journées qui vont du 29 au 31 juillet, c'est-à-dire juste à l'instant où elle prenait elle-même une attitude nettement belliqueuse ! D'ailleurs, à quelque cause que soit due la sagesse de l'Autriche, le souci des intérêts généraux de l'Europe et de la civilisation ne commandait-il pas d'en prendre acte aussitôt et d'en faire profiter la cause de la paix, et cela d'autant plus que, du même coup, le Gouvernement allemand obtenait tout ce qu'il demandait, l'arrêt de la mobilisation russe (2) ?

Mais au moment où cette conversation avait lieu, la mobilisation allemande était déjà décrétée (1er août).

Déclaration de guerre à la Russie. — Il n'est plus désormais question ni de la Serbie et du crime de Serajevo, ni de

---

(1) *Cor. B.*, n° 138.

(2) *De la proposition russe, amendée par l'Angleterre, aussi bien que des concessions de l'Autriche, il n'est pas fait mention dans le* Livre Blanc.

l'Autriche et de son ultimatum. L'Allemagne et la Russie restent seules face à face.

C'est le 1er août à midi qu'expirait l'ultimatum. La Russie jugea naturellement contraire à sa dignité de répondre, dans les limites de temps qui lui avaient été prescrites, à une injonction aussi hautaine. Cependant, l'Empereur Nicolas ne voulut pas laisser déclarer la guerre sans avoir fait, pour la paix, un nouvel et dernier effort. A peine le délai fixé était-il écoulé que, le 1er août à 2 heures de l'après-midi, il adressa à l'Empereur Guillaume le télégramme suivant : « Je conçois que tu sois obligé de mobiliser ; mais je voudrais avoir de toi la même garantie que je t'ai donnée (1), à savoir que ces mesures ne signifient pas la guerre et que nous poursuivrons nos négociations pour le bien de nos deux pays et la paix générale, si chère à nos cœurs. Notre longue amitié éprouvée doit, avec l'aide de Dieu, réussir à empêcher une effusion de sang. Je t'en prie d'une manière instante, et j'attends en pleine confiance une réponse de toi » (2). C'était indiquer nettement qu'il restait ouvert à tout projet de conciliation. Mais, le même jour, l'Empereur Guillaume repoussait, avec hauteur, cette proposition. « Une réponse immédiate, télégraphiait-il, claire et non équivoque, de ton Gouvernement est le seul moyen de conjurer une calamité infinie. Jusqu'à ce que je reçoive cette réponse, il m'est impossible, à mon vif regret, d'aborder le sujet de ton télégramme ». La fin de non recevoir était brutale.

Le soir même, à 7 h. 10, la guerre était officiellement déclarée par l'Allemagne à la Russie. Dans la note que M. de Pourtalès remit, à cet effet, à M. Sazonoff, le seul grief invoqué était le refus de répondre à l'ultimatum allemand (3). Il est curieux de noter que, en annonçant le lendemain la nouvelle à Sir E. Goschen, M. de Jagow crût devoir la justifier autrement (4). Des troupes russes auraient franchi la frontière ; ce

(1) Cette garantie avait été donnée par le Tzar dans un télégramme du 31.

(2) *L. B.*, Préf., p. 13.   (3) *L. O.*, n° 76.   (4) *Cor. B.*, n° 144.

serait donc la Russie qui, en fait, aurait pris l'initiative de la
guerre. Bien entendu, cette accusation qu'aucune preuve
n'accompagnait, qu'ignorait totalement la note officielle
remise à M. Sazonoff, était forgée de toutes pièces. Le Gouvernement autrichien la reprit pourtant à son compte quand,
cinq jours plus tard, il se décida enfin à suivre l'exemple de son
alliée et à déclarer la guerre à la Russie (1). Lui aussi prétendit que la Russie avait ouvert les hostilités. La diversité
même des prétextes allégués suffit à prouver que la cause
déterminante de la guerre était ailleurs.

On se demandera comment le Gouvernement allemand qui,
le 29 juillet, ajournait son projet d'ultimatum parce qu'il craignait l'intervention anglaise, a pu, trois jours plus tard, passer
outre à cette crainte. Ce n'est pas cependant que l'Angleterre
ait changé d'attitude. Tout au contraire, le 30 juillet, Sir
Ed. Grey télégraphiait à Sir E. Goschen pour lui confirmer
que le marché, proposé la veille par le Chancelier en échange
de la neutralité britannique, « ne saurait être accueilli un
seul instant. Ce serait, disait-il, une honte pour nous de
passer ce marché avec l'Allemagne aux dépens de la France,
une honte dont la bonne renommée de ce pays ne se remet-
trait jamais » (2). Le 1er août, comme le prince Lichnowsky
s'efforçait à nouveau d'obtenir des assurances formelles de
neutralité en faisant entrevoir « que l'Allemagne pourrait
garantir l'intégrité de la France et *de ses colonies* », Sir Ed.
Grey ne se laissa pas toucher par cette surenchère et maintint
sa résolution de ne prendre aucun engagement (3).

Seulement, on ne prit pas ses paroles à la lettre. On ne
crut pas que le Gouvernement anglais se reconnaîtrait des
obligations, au moins morales, envers la France, mais on
pensa, sans doute, qu'il voulait seulement garder les mains
libres pour agir suivant les circonstances. Et comme Sir
Ed. Grey répétait sans cesse que son attitude dépendrait
avant tout de l'opinion publique, on se préoccupa de ménager

(1) *L. O.*, n° 79.   (2) *Cor. B.*, n° 101.   (3) *Cor. B.*, n° 123.

É. DURKHEIM et E. DENIS.   4 cette dernière. Un grave déni de justice, un acte d'agression sans raison apparente pouvait l'émouvoir. Or, la déclaration de guerre que l'on méditait le 29 juillet avait évidemment ce caractère. Déclarer la guerre à la Russie parce qu'elle avait mobilisé contre l'Autriche, et cela alors que l'Autriche n'y trouvait rien à redire, c'était avouer qu'on voulait la guerre pour la guerre. On jouait donc un jeu dangereux en rompant dans ces conditions. Au contraire, une mobilisation générale de la Russie que l'on pouvait, avec un peu d'habileté, présenter comme dirigée explicitement contre l'Allemagne, était un motif plus spécieux et qui risquait moins de révolter les sentiments pacifistes de l'Angleterre. C'est pourquoi on préféra patienter. La patience était d'autant plus facile qu'il était aisé de prévoir, dès le 30 (1), le cours qu'allaient prendre les événements, pour peu surtout qu'on les y aidât. La mobilisation générale de l'Autriche qui était imminente et que, très vraisemblablement, M. de Tschirsky connut et ne déconseilla pas au Gouvernement de Vienne, devait nécessairement obliger la Russie à une mesure correspondante. Une meilleure occasion était donc toute prochaine.

Déclaration de guerre à la France. — Qu'allait faire la France?

Nul ne mettait en doute qu'elle remplirait ses devoirs envers son alliée. Mais, afin de bien faire éclater devant le monde la volonté arrêtée qu'avait l'Allemagne de faire la guerre à la France, le Gouvernement français s'interdit tout ce qui pourrait ressembler à un acte d'hostilité. En annonçant à nos ambassadeurs que la mobilisation française était décrétée, M. Viviani eut soin de les prévenir qu'elle constituait une simple mesure de préservation qui n'empêcherait pas le Gouvernement de poursuivre les négociations commencées (2). De plus, pour éviter tout incident que l'Alle-

(1) Dès le 30, M. de Jagow annonçait que l'Autriche allait décider la mobilisation générale (*L. J.*, n° 109).
(2) *L. J.*, n° 127.

magne eût pu interpréter comme un fait de guerre, les troupes françaises reçurent l'ordre, même après la mobilisation, de laisser une zone de 10 kilomètres entre elles et la frontière (1).

Mais l'Allemagne, elle, ne pouvait pas attendre. Le plan de son État-Major était de se jeter immédiatement sur la France, de la réduire à merci en quelques semaines pour se retourner ensuite contre la Russie. Il lui fallait donc aller vite. Elle patienta cependant le plus qu'elle put, espérant sans doute que la France finirait par prendre l'initiative de la rupture et lui épargnerait l'odieux de l'agression. Mais, le 3 août, l'ultimatum adressé à la Belgique était expiré, les hostilités allaient commencer, il n'était plus possible de différer davantage : aussi, à 6 h. 45 du soir, M. de Schoen venait-il au quai d'Orsay réclamer ses passeports et déclarer la guerre.

Il n'était pas très facile de motiver une déclaration que ne justifiait aucun conflit direct entre les deux pays. On se borna à alléguer que des aviateurs français avaient commis des actes d'hostilité en territoire allemand. L'un aurait essayé de détruire des constructions près de Wesel, d'autres auraient été aperçus sur la région de l'Eifel, un autre enfin aurait jeté des bombes sur le chemin de fer près de Karlsruhe et de Nuremberg. La manière même dont ces accusations étaient énoncées suffit à prouver qu'elles étaient de simples et pauvres inventions. Aucun témoignage n'était cité, aucune précision n'était donnée sur les endroits exacts où ces faits auraient eu lieu, sur leur date, sur la manière dont ils se seraient produits, sur la nature et l'étendue des dommages causés. Tous ces incidents étaient présentés comme s'ils s'étaient produits en dehors du temps et de l'espace, ce qui est la meilleure preuve de leur irréalité (2).

____

(1) *L. J.*, n° 136.

(2) Nous avons voulu nous assurer si, dans les journaux allemands, ces faits étaient rapportés avec plus de précision. Nous avons consulté cinq grands journaux (*Vorwaerts, Arbeiterzeitung*, de Vienne *Frankfurter Zeitung, Kœlnische Zeitung, Münchner Neueste Nachrichten*) de fin juillet au 5 août. Nous avons noté d'abord qu'il n'y est pas ques-

Ces inventions étaient d'autant plus audacieuses que, dès le 2 août, M. Viviani avait signalé au gouvernement de Berlin des faits de guerre caractérisés qui avaient été commis par les troupes allemandes sur le territoire français. Elles avaient passé la frontière à Cirey ainsi que près de Longwy ; elles marchaient sur le fort qui porte ce dernier nom (1). A Delle, le poste de douaniers avait été, à deux reprises, l'objet d'une fusillade de la part d'un détachement de soldats allemands. Au nord de la même localité, deux patrouilles allemandes du 5ᵉ chasseurs à cheval avaient pénétré jusqu'aux villages de Jonchery et de Baron, à plus de 10 kilomètres de la frontière. L'officier qui commandait la première avait brûlé la cervelle à un soldat français. Les cavaliers allemands avaient emmené des chevaux que le maire de Suarce était en train de réunir et que les habitants de la commune furent forcés de conduire eux-mêmes (2). Cette fois, la précision des griefs en permettait le contrôle (3). Au

tion de l'avion qui aurait survolé Karlsruhe. Pour les autres, l'imprécision est la même que dans la note officielle. Ces incidents, qui auraient été la cause déterminante de la guerre, sont rapportés en une ligne, deux ou trois au plus. *Jamais les bombes n'ont laissé de traces.* Un de ces avions, celui de Wesel, aurait été descendu ; on ne nous dit rien de l'aviateur, de ce qu'il est devenu, ni de l'avion lui-même. Enfin, on les signale bien à leur arrivée en Allemagne ; ensuite, on n'en parle plus. On ne les a pas vus retourner à leurs lieux d'origine.

Mais voici qui est plus probant encore. Nous avons pu nous procurer un journal de Nuremberg même, le *Fränkischer Kurrier*. Le 2 août, jour où l'avion aurait lancé des bombes, il n'est pas dit un mot de l'incident. C'est le 3 que Nuremberg apprit la nouvelle par un télégramme de Berlin, identique à celui que publièrent les autres journaux. Enfin, la *Kœlnische Zeitung* du 3, édition du matin, publie un télégramme de Munich ainsi conçu : « Le ministère bavarois de la guerre doute de l'exactitude de la nouvelle annonçant que des aviateurs auraient été vus au-dessus des lignes Nuremberg-Kitzingen et Nuremberg-Ansbach jetant des bombes sur la voie ».

Nous avons été grandement aidés dans ces recherches par notre collègue J. Hadamard et M. Edg. Milhaud, professeur à l'Université de Genève, à qui nous adressons tous nos remerciements.

(1) *L. J.*, nᵒ 136.   (2) *L. J.*, nᵒ 139.

(3) Dans son discours au Reichstag, le 4 août, le Chancelier prétendit que, d'après l'état-major général, une seule de ces violations de frontière avait été réellement commise. D'ailleurs, il ne nous dit ni où, ni quand elle aurait eu lieu.

reste, à ce même moment, le Luxembourg était déjà envahi : il est vrai que M. de Schoen envoya à M. Viviani une note où il était dit que cette invasion, contraire aux traités internationaux, ne constituait cependant pas une agression, mais n'était qu'une simple mesure préventive (1) !

Pour des raisons que nous ne chercherons pas à déterminer, l'Autriche-Hongrie ne crut pas devoir procéder comme son alliée : elle ne déclara pas la guerre à la France. Il en résulta une situation paradoxale : l'ambassadeur d'Autriche restait notre hôte, tandis que les troupes autrichiennes étaient sur notre frontière. Le 10 août, le Gouvernement français fit cesser ce paradoxe en rappelant M. Dumaine ; M. de Scézsen demanda alors ses passeports.

Mais il y eut un membre de la Triplice qui refusa de se ranger du côté de l'Allemagne : ce fut l'Italie. Dès le début, elle avait blâmé l'ultimatum autrichien. Pendant les négociations, elle avait appuyé les efforts de la Triple-Entente en vue de la paix. Aussi, dès le 1er août, le marquis de San Giuliano avait-il averti l'ambassadeur allemand à Rome que « *la guerre entreprise... ayant un caractère agressif*, ne cadrant pas avec le caractère défensif de la Triple-Alliance, l'Italie ne pourrait participer à la guerre » (2).

(1) *L. J.*, n° 136.
(2) *L. J.*, n° 124. — Depuis que ces lignes ont été écrites, nous avons appris par le récent discours de M. Giolitti que, déjà en 1913, l'Autriche avait voulu machiner une guerre contre la Serbie et que l'Italie avait refusé son concours à cette agression. L'assassinat de Serajevo n'était donc qu'un prétexte.

V. — *Conclusion*.

Une fois les faits établis, la question que nous nous sommes posée est résolue. Il n'y a qu'à les laisser parler : ils disent d'eux-mêmes *qui a voulu la guerre*.

Ce n'est évidemment pas la France. Même ses pires ennemis n'ont pas porté contre elle cette accusation. En fait, elle a, jusqu'au bout et de toutes ses forces, lutté pour la paix.

On a dit (1), il est vrai, qu'elle n'avait jamais oublié l'Alsace-Lorraine. Mais qui oserait lui faire un crime d'être fidèle à la religion du souvenir? On ne pourrait lui reprocher des sentiments aussi naturels et aussi légitimes que s'ils s'étaient traduits en actes ou agressifs ou imprudents, de nature à troubler la paix de l'Europe. Mais l'attitude extérieure de la France fut toujours d'une irréprochable correction. On l'avait bien vu lors des douloureux incidents de Saverne.

Il est tout aussi impossible de mettre l'Angleterre en cause. C'est elle qui a présidé à toutes les tentatives de conciliation; c'est même elle qui, le plus souvent, les a suscitées. L'attachement de l'Angleterre à la paix était même tel que Sir Ed. Grey n'aurait pas hésité à se considérer comme délié de toute obligation envers la France et la Russie si la guerre avait éclaté par la faute de ces deux pays. Le 31 juillet, il télégraphiait à Sir E. Goschen : « J'ai dit à l'ambassadeur d'Allemagne ce matin que, si l'Allemagne faisait une proposition raisonnable qui montrerait clairement que l'Allemagne et l'Autriche s'efforçaient de préserver la paix européenne, et si la Russie et la France étaient assez déraisonnables pour la repousser, je la soutiendrai à Saint-Pétersbourg et à Paris,

---

(1) C'est le langage tenu par le Chancelier allemand à la tribune du Reichstag, le 2 décembre 1914.

et je vais jusqu'à dire que, si la Russie et la France ne l'accep-
taient pas, le Gouvernement de Sa Majesté se désintéresserait
des conséquences(1) ».

Dans la Préface du *Livre Blanc*, le Gouvernement allemand reconnaissait ces intentions pacifiques de l'Angleterre.
Depuis, il est vrai, il a changé de sentiment. Aujourd'hui,
c'est une opinion courante en Allemagne que la responsabilité de la guerre incombe à l'Angleterre. On l'a accusée
d'avoir attiré l'Allemagne « dans une embuscade » (2), en
démasquant tardivement ses intentions ; cela équivalait, a
dit le Chancelier, à « frapper par derrière un homme qui
défend sa vie contre deux assaillants » (3). Mais tout ce que
signifient ces violentes protestations, c'est que le Gouvernement allemand ne s'attendait pas à voir l'Angleterre prêter
son appui à la Belgique envahie. M. de Bethmann-Hollweg
avait tellement multiplié les offres et les avances, il s'était
tellement appliqué, surtout à partir du 29, à paraître d'accord
avec l'Angleterre, il avait tant de fois protesté auprès d'elle
de ses sentiments pacifiques, qu'il se croyait assuré de la
neutralité britannique. Dans la note même par laquelle il
déclarait la guerre à la Russie, cette prétendue entente était
rappelée : il y était dit que l'empereur Guillaume avait
entrepris de faire office de médiateur « d'accord avec l'Angleterre ». Aussi la surprise et la déception du Chancelier
furent-elles grandes, si grandes mêmes qu'elles s'exprimèrent
naïvement par des mots qui resteront historiques.

Et cependant, il ne pouvait s'en prendre qu'à lui-même, car
il avait été dûment averti. A plusieurs reprises, Sir Ed. Grey
avait répété que, si la guerre se généralisait, il pourrait être
obligé d'intervenir, que, notamment, si l'Allemagne violait
la neutralité belge, « il serait très difficile de contenir le
sentiment public en Angleterre ». Il avait appelé l'attention

<hr>

(1) *Cor. B.*, n° 111.
(2) **L'expression a été** employée dans le manifeste des 93 intellec-
tuels.
(3) *Cor. B.*, n° 160.

du Gouvernement allemand sur le caractère « très sérieux » des avertissements qu'il lui donnait et, écartant par avance les reproches qui lui sont adressés aujourd'hui, il avait ajouté que, après des explications aussi nettes, on ne serait pas fondé à l'accuser un jour d'avoir trompé l'Allemagne par un langage équivoque (1). Malheureusement, la diplomatie allemande manque trop souvent de sens psychologique : elle ne sait pas voir ce qui se passe dans l'âme des individus ou des nations, elle ne se rend pas compte des mobiles qui les mènent, surtout quand ces mobiles sont complexes et délicats. Il en résulte qu'elle prévoit mal ce que sera leur conduite. Aujourd'hui, elle se venge, par des accusations sans fondement, d'une méprise dont elle est seule coupable (2).

L'attitude de la Russie n'a pas été moins pacifique que celle de l'Angleterre et de la France. Sans doute, la Russie ne pouvait consentir à se désintéresser du sort de la Serbie. Mais, sous cette réserve qu'elle ne pouvait laisser porter atteinte ni au territoire ni à la souveraineté de la Serbie, elle se montra prête à accepter toutes les transactions. Elle admettait que des garanties pouvaient être demandées au Gouvernement serbe qui, d'ailleurs, ne les refusait pas. Elle poussa l'esprit de modération jusqu'à s'interdire toute décision grave même après que l'Autriche eut déclaré la guerre à la Serbie. Elle s'associa à toutes les tentatives de conciliation, elle en proposa plusieurs, déclarant qu'elle se ralliait

(1) *Cor. B.*, nos 123, 101.
(2) **Nous** ne disons rien d'un reproche nouveau récemment adressé par M. de Bethmann-Hollweg à l'Angleterre. C'est sur celle-ci que retomberait la responsabilité *interne* de la guerre, parce qu'elle aurait pu la prévenir en faisant savoir tout de suite à Pétersbourg « qu'elle ne laisserait pas le conflit prendre les proportions d'une guerre européenne ». En d'autres termes, pour assurer la paix, l'Angleterre n'avait qu'à contester à la Russie le droit d'intervenir, c'est-à-dire à adopter le point de vue allemand qu'elle jugeait injustifiable. Ces paroles du Chancelier sont d'une extraordinaire inconscience. De plus, comment l'Angleterre aurait-elle pu obliger la Russie à s'abstenir, si celle-ci avait refusé de céder à cette injonction ? Serait-ce en s'alliant à l'Allemagne ?

par avance à toutes celles qui paraîtraient équitables à l'Angleterre et à la France. « Je négocierai jusqu'au bout », avait dit un jour M. Sazonoff, et il le fit. L'Allemagne lui a, il est vrai, reproché d'avoir, le 31, décrété la mobilisation générale et, pour ce fait unique, elle a voulu rendre le Gouvernement russe responsable de la guerre. C'était oublier volontairement que cette mesure avait été imposée à la Russie par la mesure identique que l'Autriche avait prise antérieurement. Aux millions d'hommes que l'Autriche se préparait à mettre en ligne, la Russie ne pouvait se borner à opposer les quelques corps d'armée qu'elle était en train de mobiliser. D'ailleurs, nous savons que M. Sazonoff offrit d'arrêter ses préparatifs si l'Autriche s'engageait à en faire autant, et ce n'est pas de la faute de la Russie si sa proposition n'aboutit pas. Aucune des puissances de la Triple-Entente ne saurait donc être incriminée.

Lourde, au contraire, est là responsabilité de l'Autriche. C'est elle qui a déclenché le cataclysme en adressant à la Serbie un ultimatum intentionnellement inacceptable. Puis, quand la crise fut ouverte, elle l'achemina vers un dénouement violent en fermant, pendant longtemps, l'oreille à toutes les transactions proposées. Cependant, on doit noter à sa décharge que, si elle désirait certainement la guerre avec la Serbie, elle ne semble pas avoir cherché une conflagration générale. Si, pendant un temps, elle s'est montrée intransigeante, c'est dans la conviction, soigneusement entretenue par M. de Tschirsky, que la Russie laisserait faire comme en 1909, après l'annexion de l'Herzégovine et de la Bosnie. Aussi, quand elle s'aperçut qu'elle se trompait et que la Russie prenait les choses au sérieux, changea-t-elle aussitôt d'attitude. C'est la mobilisation russe qui la rendit conciliante. Le 29, la mobilisation partielle est décrétée; le 30, le ton du comte Berchtold s'adoucit. Et plus la guerre européenne devient menaçante, plus le Gouvernement de Vienne devient pacifique. Quand il se rend compte enfin du jeu terrible qu'il était en train de jouer, il cherche à reculer.

Mais il est trop tard; l'Allemagne a pris la direction du mouvement et elle l'entraîne à sa suite. Il est victime du *bluff* auquel il s'est trop complaisamment prêté. Aussi l'Allemagne n'a-t-elle pas dit la vérité, quand elle a prétendu que les préparatifs militaires de la Russie l'avaient empêchée d'agir utilement à Vienne. C'est, au contraire, à ce moment que l'Autriche s'est assagie et s'est offerte d'elle-même à une action médiatrice (1).

Mais tout ce qui diminue la responsabilité de l'Autriche accroît d'autant celle de l'Allemagne.

C'est l'Allemagne qui, en promettant à son alliée, dont elle connaissait les desseins, un appui intégral, l'a encouragée à provoquer la Serbie. C'est elle ensuite qui, en approuvant sans réserve cette attitude provocatrice, poussa l'Autriche à y persévérer.

Quand la Russie, l'Angleterre, la France et l'Italie demandèrent que, du moins, un court répit leur fût accordé pour pouvoir délibérer sur la question soulevée, et cela dans l'espoir tacite que le temps et la réflexion pourraient exercer une action apaisante sur les esprits, c'est l'Allemagne qui,

(1) Toutefois, une autre explication des faits est possible. On pourrait se demander si les concessions que l'Autriche fit à la dernière heure n'étaient pas une manœuvre concertée avec l'Allemagne. Elles permettaient, en effet, à celle-ci de soutenir que, sous son influence, l'Autriche était devenue conciliante, que, par suite, la paix était assurée au moment où elle fut compromise par la brusque mobilisation de la Russie.

Cette interprétation n'est pas absolument invraisemblable. Si nous l'avons écartée, c'est que la manœuvre eût été singulièrement grossière et malhabile. Elle devait, en effet, se retourner contre l'Allemagne. Elle permettait de dire, comme nous l'avons fait, que, l'Autriche s'étant convertie à la paix, celle-ci était assurée sans l'intransigeance finale de l'Allemagne. Cependant, les procédés de la diplomatie allemande sont quelquefois si gros que l'hypothèse ne peut être considérée comme absolument inadmissible. Mais, au cas où elle serait vraie, tout en alourdissant la responsabilité de l'Autriche, elle ne ferait qu'accroître celle de l'Allemagne. Quoi de plus indigne que ce machiavélisme qui aurait consisté à se partager les rôles de la plus sinistre comédie et à charger l'Autriche de tenir un langage mensonger pour pouvoir atteindre plus à l'aise le but abominable que l'on poursuivait?

en refusant de se joindre aux autres puissances, empêcha la demande d'aboutir.

C'est elle qui, tout en protestant de ses sentiments pacifiques, fit avorter le projet de conférence à quatre, sans rien proposer qui pût en tenir lieu.

C'est elle qui, saisie du projet de pourparlers directs entre la Russie et l'Autriche, auquel elle ne pouvait rien objecter puisqu'il ne l'engageait à rien, refusa de l'appuyer à Vienne et se borna à le transmettre, non sans un mauvais vouloir évident.

C'est elle qui témoigna de son agressivité foncière en menaçant, dès le 29 juillet, de se jeter sur la Russie, et cela sous un prétexte qu'elle reconnut ensuite indéfendable.

C'est elle qui, le 30, sans consulter l'Autriche, rejeta une nouvelle proposition de M. Sazonoff qui pouvait, tout au moins, servir de base à des négociations ultérieures.

C'est elle qui, quand la mobilisation générale était partout décrétée, quand la guerre paraissait imminente, refusa même d'examiner un nouveau projet transactionnel qui aurait conjuré le danger, que l'Autriche acceptait, que toutes les Puissances recommandaient et qui devait lui donner à elle-même entière satisfaction.

C'est elle, enfin, qui a déclaré la guerre à la Russie et à la France, en justifiant cette double déclaration par des inventions mensongères.

A cet ensemble concordant de charges accablantes, l'Allemagne oppose un système dont la Préface du *Livre Blanc* nous donne la version officielle : il a pour objet de rejeter sur la Russie toute la responsabilité. La discussion n'en sera pas longue : il s'écroule, dès qu'on s'est rendu compte de la méthode qui a permis de le construire.

L'auteur de cette préface ne falsifie pas, au sens propre du mot, les faits dont il se sert : *il procède par omissions méthodiques.* Sans doute, on trouve dans son exposé des affirmations sans preuves, d'autres qui sont manifestement contraires à la vérité ; nous en avons cité plusieurs. Très souvent, les événements ne sont pas datés, et l'ordre dans lequel ils sont disposés n'a rien de chronologique; de tout cela résulte une confusion qui ne rend pas le contrôle facile. Mais en somme, si ces erreurs et ces inexactitudes n'indiquent qu'un souci médiocre de la vérité, elles ne sont pas essentielles. Seulement, si les faits ne sont pas outrageusement altérés, tous ceux qui démentent la thèse allemande sont soigneusement passés sous silence, ou bien ils tiennent si peu de place dans le récit que l'on peut à peine les remarquer au passage. Pour s'en assurer, il suffit de se reporter aux notes que nous avons mises au bas des pages qui précèdent : nous y avons signalé ces oublis trop habiles. Nous savons à combien de tentatives de conciliation l'Allemagne a refusé de prêter son concours : or, dans le *Livre Blanc*, une seule pièce se rapporte à un refus de ce genre (n° 12). Le lecteur qui n'aurait pas d'autre source d'informations ignorerait la démarche faite par la Russie, l'Angleterre et la France pour obtenir une prorogation de l'ultimatum autrichien, et le projet de pourparlers directs entre Vienne et Saint-Pétersbourg (1). Quelques lignes à peine sont consacrées à la proposition d'une conférence à quatre qui a tant occupé les chancelleries. Rien n'est dit ni des efforts faits pour obtenir de l'Allemagne qu'elle précisât comment elle entendait la médiation des Puissances, ni du premier ultimatum allemand, ni de la mobilisation générale autrichienne et de son antériorité par rapport à celle de Russie, ni de la transaction finalement acceptée par l'Autriche et repoussée par la seule Allemagne. Seuls, deux groupes de faits sont retenus et exposés avec détails : d'abord, quelques pièces où le gouvernement allemand exprime, en termes très généraux, son désir de maintenir la paix; ensuite, tout ce qui se rapporte aux préparatifs militaires de la France et de la Russie, et surtout à la mobilisation générale de cette der-

---

(1) Dans le recueil de pièces, il y a deux lignes sur cette question (n° 15).

nière Puissance, mais sans qu'aucune explication soit
donnée sur les causes qui l'ont déterminée. Il en résulte
tout naturellement qu'elle paraît s'être produite tout à coup,
sans justification d'aucune sorte, au moment même où l'Empereur Guillaume daignait s'employer comme médiateur.
Ainsi présentée, elle fait l'effet d'un acte de perfidie. Pour
rétablir la vérité, il suffit de rétablir les faits systématique-
ment omis. Alors, la persévérance de l'Allemagne à écarter,
les uns après les autres, tous les moyens possibles de conserver la paix apparaît avec évidence, et, en même temps,
l'acte de la Russie perd le caractère agressif qu'on voulait
lui imputer pour devenir une simple mesure de défense.

En résumé, il n'existe pas à l'actif de l'Allemagne un seul
geste sérieux de paix, mais rien que de vaines paroles. Au
contraire, tous les actes qui ont, peu à peu, orienté la crise
vers la guerre — note autrichienne, refus de toute prorogation
du délai, déclaration de guerre à la Serbie, rejet des transactions proposées, première sommation à la Russie, ultimatum suivi de la déclaration de guerre — tout cela a été ou
directement voulu par elle ou fait avec son appui et sa com-
plicité. Au début, elle est derrière l'Autriche dont elle sou-
tient la politique agressive; puis, une fois qu'elle a pris elle-
même l'affaire en main, c'est elle aussi qui prend les décisions suprêmes et qui les impose à son alliée, alors hésitante
et troublée. C'est donc elle la grande coupable.

On a objecté que l'Empereur Guillaume avait, à plusieurs
reprises, témoigné, par des actes, de son attachement à la
paix : son passé, dit-on, ne permet donc pas de lui prêter des
intentions belliqueuses que dément tout son caractère. Mais
c'est oublier que les hommes changent avec l'âge et avec les
circonstances. Et en effet, il y a des raisons de croire que
Guillaume II avait changé, que, vers la fin de 1913, l'ancien
champion de la paix s'était ouvert à des idées de guerre.
C'est l'impression que laisse une conversation qu'il eut avec
le roi de Belgique, en présence du général de Moltke ;
M. Cambon, qui dit la tenir d'une source absolument sûre, la

rapporté dans une pièce du *Livre Jaune* (n° 6). L'Empereur aurait dit qu' « il en était venu à penser que la guerre avec la France était inévitable et qu'il faudrait un jour ou l'autre en venir là », et le général de Moltke aurait parlé comme son souverain.

Des causes très diverses peuvent avoir déterminé cette révolution morale. L'échec de la politique impériale au Maroc, l'impopularité qui en était résultée, le crédit croissant du Kronprinz, tout cela devait faire sentir à Guillaume la nécessité de relever son prestige par un coup d'éclat. D'autre part, l'agitation nationaliste en France était habilement exploitée par le parti militaire, toujours puissant : on disait que la France voulait et préparait la revanche. Enfin, l'empire austro-hongrois était menacé de dislocation à la mort de François-Joseph : si donc l'Allemagne attendait trop pour agir, il était à craindre que, au moment voulu, elle se trouvât sans alliée ou avec une alliée amoindrie et tout occupée de difficultés intérieures. Déjà très dangereuses par elles-mêmes, ces dispositions générales furent encore renforcées, en juillet 1914, par tout un ensemble de circonstances particulières. L'archiduc François-Ferdinand était un ami personnel de Guillaume ; c'était, de plus, un futur souverain. A ce double titre, le Kaiser se sentait tout spécialement tenu de venger l'assassinat de Serajevo. Comme, à ce même moment, l'Angleterre semblait menacée par une sorte de guerre civile, la Russie paralysée par des grèves très graves, la France par des divisions intestines, l'occasion était propice, et il put paraître sage de ne pas la laisser échapper.

Au surplus, la question n'est pas de savoir si Guillaume II était ou non homme à vouloir la guerre, mais si lui et son Gouvernement l'ont réellement voulue. On a vu comment les faits répondent à cette question. Si, néanmoins, la thèse allemande sur les causes de la guerre a pu se faire accepter pendant un temps, non seulement par l'Allemagne, mais par un certain nombre de neutres, c'est que le procédé grâce auquel elle a été établie ne pouvait pas être immédiatement aperçu. Les lacunes volontaires, si nombreuses et si graves, qui lui donnent un air spécieux, ne pouvaient être décelées qu'à partir du moment où l'on a pu faire avec méthode l'histoire des origines de la guerre. Mais, maintenant que nous savons dans quel ordre se sont enchaînés les événements, quelle a été, à chacune des phases par lesquelles ont passé les négociations, l'attitude des différents États qui y ont participé, la culpabilité de l'Allemagne apparaît en pleine lumière. Tout la prouve, et rien ne l'infirme ni ne l'atténue. Aussi l'opinion universelle hésite-t-elle de moins en moins à désigner le Gouvernement allemand comme l'auteur responsable de l'effroyable calamité dont souffrent aujourd'hui tous les peuples. Déjà même la vérité commence à filtrer à travers la muraille de Chine qui isole aujourd'hui l'Empire allemand du reste du monde. Bien qu'elles ne soient encore que bien imparfaitement éclairées, il y a, dès à présent, des consciences allemandes qui sont troublées et qui éprouvent le besoin de décliner toute solidarité avec le grand, l'inexpiable mensonge dont nous venons de faire l'histoire. Sans doute, elles sont encore en petit nombre. Mais combien il faut que l'évidence des faits soit accablante, pour qu'elle s'impose à ceux-là mêmes qui ne peuvent pas la reconnaître sans en souffrir cruellement!

Note additionnelle

Le travail précédent était sous presse quand la *Norddeutsche Allgemeine Zeitung* du 21 décembre publia une réponse au *Livre Jaune*. Quelques-uns des faits cités au cours de notre étude y sont contestés. Nous ne parlerons ici que des contestations qui portent sur des faits de quelque importance.

1° On nie les concessions faites par l'Autriche à partir du 30 juillet. Le malheur est que la réalité de ces concessions a été reconnue par le gouvernement allemand lui-même. Le 1ᵉʳ août, comme l'ambassadeur d'Angleterre faisait remarquer à M. de Jagow que l'Autriche était maintenant toute disposée à causer avec la Russie, le secrétaire d'État répondit que ces dispositions conciliantes étaient dues « à l'influence allemande ». Quelle qu'en pût être l'origine, elles étaient donc réelles.

2° Un démenti partiel est opposé à la dépêche de M. Cambon relatant la conversation du roi Albert avec Guillaume II. L'Empereur n'aurait pas assisté à cet entretien; seul, le général de Moltke aurait été présent et il n'aurait pas tenu le langage qui lui a été prêté. En réponse à ce demi-démenti, nous nous bornerons à affirmer que la source à laquelle M. Cambon a puisé ses renseignements est « absolument sûre ».

3° Enfin, la gazette allemande nie que la mobilisation autrichienne ait été antérieure à la mobilisation générale russe : la première aurait eu lieu dans la journée du 31, la seconde dans la nuit du 30 au 31. Mais, 1°) aucune preuve, de quelque sorte que ce soit, n'est donnée à l'appui de cette assertion. 2°) Le télégramme de M. Paléologue daté du 31 (*L. J.*, n° 118) dit expressément que la mobilisation générale russe a été déterminée par la mobilisation générale autrichienne. On oppose à ce témoignage un démenti que ne justifie aucun témoignage contraire. 3°) Le rédacteur de l'article paraît avoir oublié que, suivant M. Dumaine (*L. J.*, n° 115), la mobilisation générale autrichienne a eu lieu le 1 *à la* … *ière heure :* ce qui rend invraisemblable qu'elle ait pu êt… …quée par la mobilisation russe, si celle-ci a eu lieu da… …a nuit du 30 au 31. 4°) Enfin, un aveu de l'Allemagne tranche le débat. Nous avons vu (p. 42) que le 31 juillet, à deux heures de l'après-midi (heure de Berlin), Guillaume II envoyait au Tzar un télégramme où il n'était pas question de la mobilisation générale russe. A ce moment donc, le gouvernement de Berlin l'ignorait. Déjà cette ignorance, à cette heure avancée de la journée, est incompréhensible, si le décret russe de mobilisation remontait à la nuit précédente. Mais voici qui lève tous les doutes, s'il en peut rester encore. Après avoir reproduit le texte du télégramme impérial, l'auteur de la Préface du *Livre Blanc* (p. 12) ajoute : « Ce télégramme n'était pas encore arrivé à sa destination que *la mobilisation de toutes les forces russes, ordonnée déjà ce même jour* (31 *juillet*) *dans la matinée* (am Vormittag), était en voie de réalisation ». *Vormittag*, c'est la matinée, et plutôt la seconde partie de la matinée, vers 11 heures, non la nuit du 30 au 31. Le gouvernement allemand avait répondu par avance à son journal.

Ceci établi, nous devons ajouter que l'importance attachée par l'Allemagne à la question de la mobilisation russe est de pur pharisaïsme. Même si cette mobilisation n'avait pas eu lieu, l'Allemagne aurait mobilisé ce jour-là et la guerre en serait résultée. Nous avons vu, en effet, combien le télégramme de Guillaume II, écrit à deux heures de l'après-midi, était déjà menaçant, bien que, à ce moment, il ignorât la mobilisation russe. De même, dans la matinée, le Chancelier annonçait à l'ambassadeur d'Angleterre que « des mesures très graves » allaient être prises contre la Russie, « peut-être aujourd'hui » (*Cor. B.*, nᵒˢ 108, 109). Et pourtant il ne sut que plus tard que la Russie mobilisait (*Cor. B.*, nᵒ 112). — On était donc à l'affût d'un prétexte ; la mobilisation russe a simplement corsé celui qu'on avait en vue.

TABLE DES MATIÈRES

PARIS
IMPRIMERIE GÉNÉRALE LAHURE
, RUE DE FLEURUS

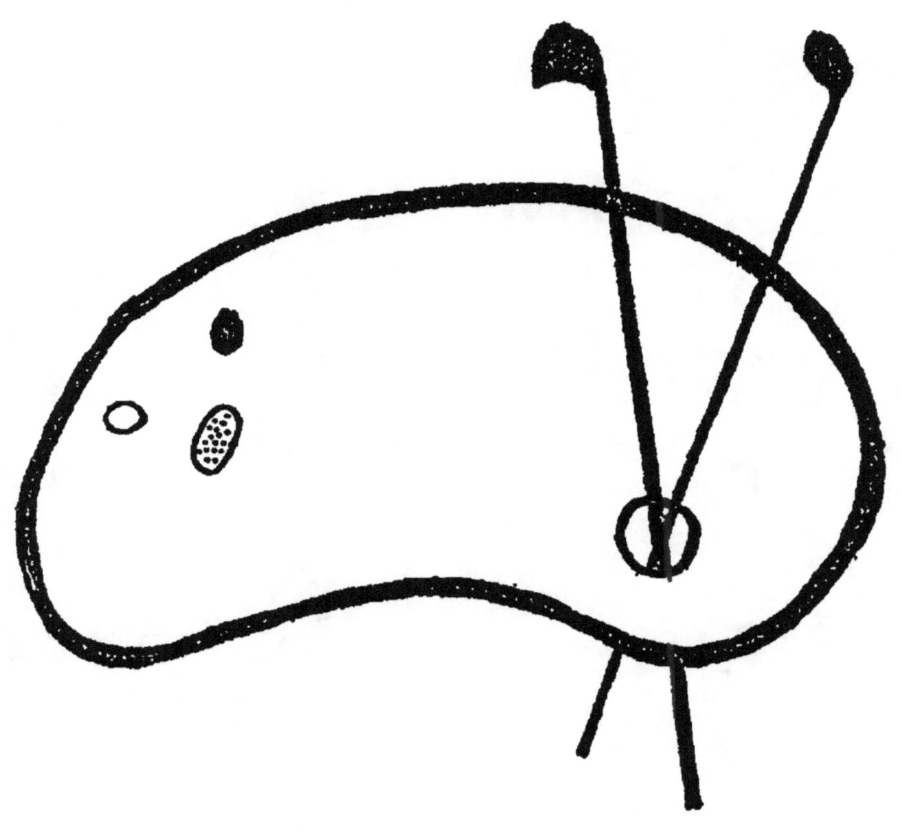

ORIGINAL EN COULEUR
NF Z 43-120-8